Bankmanagement in den neuen Bundesländern

Europäische Hochschulschriften
Publications Universitaires Européennes
European University Studies

Reihe V
Volks- und Betriebswirtschaft

Série V Series V
Sciences économiques, gestion d'entreprise
Economics and Management

Bd./Vol. 2335

PETER LANG
Frankfurt am Main · Berlin · Bern · New York · Paris · Wien

Matija Denise Mayer

Bankmanagement in den neuen Bundesländern

Eine vergleichende empirische Untersuchung von ost- und westdeutschen Kreditinstituten unter besonderer Berücksichtigung von Führung und Bankmarketing

PETER LANG
Europäischer Verlag der Wissenschaften

Die Deutsche Bibliothek - CIP-Einheitsaufnahme

Mayer, Matija Denise:

Bankmanagement in den neuen Bundesländern : eine vergleichende empirische Untersuchung von ost- und westdeutschen Kreditinstituten unter besonderer Berücksichtigung von Führung und Bankmarketing / Matija Denise Mayer. - Frankfurt am Main ; Berlin ; Bern ; New York ; Paris ; Wien : Lang, 1998

(Europäische Hochschulschriften : Reihe 5, Volks- und Betriebswirtschaft ; Bd. 2335)

Zugl.: Rostock, Univ., Diss., 1998

ISBN 3-631-33783-3

28

ISSN 0531-7339

ISBN 3-631-33783-3

Meinen herzlichen Eltern

in ewiger Liebe und Dankbarkeit

„Alles, was von einiger Dauer sein soll,
braucht seine Zeit.“

Professor Maria H. Hilbert 1997

Inhaltsverzeichnis

Abbildungsverzeichnis

Tabellenverzeichnis

Symbolverzeichnis

Ψ	Entscheidungsregel
b_i	Bedeutung von Managementelementen, d.h. Ausdruck für das Maß der Nutzung
d	Trennfunktion
E	Managementelemente
e_i	Managementelemente der Untersuchung
f	Aufgabenstellung
g	Kreditinstitutsgruppen
i	Index für Managementkomponenten bzw. Problembereiche
j	Index für Subkomponenten der Managementkomponenten
k	Ausprägungen der Managementsubkomponenten
l	Bank
M	Management
m_i	Managementteilklassen der Untersuchung
p_i	Bedeutung des Problembereichs
q_i	Problembereich
r	Index für Subproblembereiche
s	Ausprägung der Subproblembereiche
U^2	Diskriminanzmaß
V	Verknüpfungen zwischen den Elementen
v_i	Verknüpfung zwischen den untersuchten Managementelementen

0. Einleitung

A. Problemstellung und Ziel der Untersuchung

Mit der Wirtschafts- und Währungsunion zum 1. Juli 1990 war der Neuaufbau des gesamten Bankwesens in der damaligen DDR, den heutigen neuen Bundesländern, verbunden. Während dieser Systembruch für die bereits ansässigen Banken, insbesondere die Sparkassen und Kreditgenossenschaften, eine geschäftspolitische Neuorientierung erforderte, eröffnete sich für die Kreditinstitute aus den alten Bundesländern die Möglichkeit, den Geschäftsbetrieb in einem neuen Markt aufzunehmen und die eigene Marktstellung zu verbessern. Die bereits in der DDR geschäftstätigen Banken mußten binnen kurzer Zeit eine den marktwirtschaftlichen Anforderungen gerecht werdende betriebswirtschaftliche Leitung im jeweiligen Institut etablieren, bankbetriebliche Ziele definieren und die Mitarbeiter für die neue Herausforderung qualifizieren (vgl. ASHAUER 1990, S. 21). Denken und Handeln im marktwirtschaftlichen Rahmen war den westlichen Kreditinstituten, die nun in den Bankenmarkt der neuen Bundesländer eintraten, über Jahre hinweg geläufig. Zudem verfügten sie über umfangreiche Erfahrungswerte aus ihrer Geschäftstätigkeit in den alten Bundesländern und konnten sich zahlreiche Managementinstrumente unmittelbar zunutze machen. Ihnen standen jedoch Aufgaben wie die Rekrutierung qualifizierter Mitarbeiter und die Einrichtung von Geschäftsniederlassungen bevor.

Jedes der in den neuen Bundesländern tätigen Kreditinstitute war somit gezwungen, in irgendeiner Weise strategische Maßnahmen für die Geschäftstätigkeit in diesem Markt zu ergreifen. Um sich im Markt zu behaupten, galt für alle, ein leistungsfähiges Management zu etablieren, klare Ziele zu formulieren, technologische Ausstattung bereitzustellen und Mitarbeiter entsprechend den neuen Anforderungen zu qualifizieren.

Da sich der Bezugszeitraum strategischen Handelns im allgemeinen über vier bis fünf Jahre erstreckt, müssen Auswirkungen der 1990 getroffenen Entscheidungen 1996 bereits erkennbar sein. Die vorliegende empirische Arbeit analysiert das Bankmanagement in den neuen Bundesländern hinsichtlich der Etablierung greifender geschäftspolitischer Maßnahmen und den dabei auftretenden Problemen. Mit der Fokussierung auf Führung und Bankmarketing werden wesentliche Funktionsbereiche des Bankmanagements im Hinblick auf die Erreichung der gesteckten Ziele berücksichtigt.

Generelle Zielsetzung dieser Arbeit liegt in der Ermittlung und Interpretation deutlicher Unterschiede im Management von aus dem alten Bundesgebiet in den neuen Markt eintretenden Großbanken, Regional- und sonstige Kreditbanken („Westbanken") im Vergleich zu den bereits im Untersuchungsgebiet ansässigen Sparkassen und Kreditgenossenschaften („Ostbanken"). Ausgangspunkt der Betrachtung bildet die Annahme, daß die Westbanken auf langjährige Erfahrungswerte aufbauen können, Managementinstrumente in vollem Umfang zur Zielerreichung nutzen und daher keine in Zusammenhang mit dem Bankmanagement stehenden Probleme existieren.

Weiterhin wird davon ausgegangen, daß die Ostbanken hingegen noch vorrangig in die Aufgaben eingebunden sind, die sich aus der Ausrichtung des Bankbetriebs auf marktwirtschaftliche Anforderungen ergeben. Sowohl Sparkassen als auch Kreditgenossenschaften nutzen in nur geringem Umfang Managementinstrumente und haben insgesamt in den betrachteten Bereichen Zielbildung, Führung und Marketing Probleme zu bewältigen. Die Aufgabe der empirischen Untersuchung besteht darin, die Richtigkeit dieser Annahmen zu überprüfen.

Ein weiteres, ergänzendes Ziel der Untersuchung besteht darin, mit Hilfe der systemorientierten Betrachtungsweise die berücksichtigten Managementelemente hinsichtlich ihrer Zusammenhänge und gegenseitigen Beeinflussung zu analysieren und die Abhängigkeiten aufzuzeigen. Der Aussagegehalt des Untersuchungsgegenstandes und seine systematische Verknüpfung wird durch ein neu zu entwickelndes formales Konzept über das Bankmanagement unterstützt.

In einem ersten Schritt ist eine Abgrenzung und Definition der dieser Arbeit zugrundegelegten Begriffe notwendig, die in der betriebswirtschaftlichen Literatur nicht einheitlich bestimmt sind.

B. Abgrenzung des Untersuchungsobjekts Kreditinstitut und Eigenschaften von Bankleistungen

Unter dem Begriff Kreditinstitut können allgemein Unternehmungen verstanden werden, die geschäftsmäßig mindestens ein typisches Bankgeschäft nach § 1 I KWG (Gesetz über das Kreditwesen in der Fassung vom 21. Dezember 1992) pflegen, die „einen in kaufmännischer Weise eingerichteten Geschäftsbetrieb" (§ 1 I KWG) unterhalten und die eine Erlaubnis zum Geschäftsbetrieb nach § 32 KWG besitzen (Legaldefinition; vgl. EILENBERGER 1996, S. 9 ff.). Kreditinstitute lassen sich zudem anhand des Umfangs des Dienstleistungsangebots in Universalbanken und Spezialbanken unterscheiden. **Universalbanken** betreiben sowohl das Einlagen- und Kreditgeschäft als auch das gesamte Wertpapiergeschäft, in der Bundesrepublik Deutschland herrscht dieser Betriebstyp vor. Die Deutsche Bundesbank zählt dazu Kreditbanken, Sparkassen und Girozentralen sowie kreditgenossenschaftliche Einrichtungen. Die folgende Untersuchung richtet sich ausschließlich auf Universalbanken, da aufgrund derselben Grundstruktur dieser Kreditinstitute eine Vergleichbarkeit uneingeschränkt zulässig ist. Zudem wird im folgenden die Auffassung vertreten, daß ein Bankbetrieb ein System darstellt (**systemorientierter Bankbegriff**; vgl.

EILENBERGER 1996, S. 13 ff.). Die Begriffe Kreditinstitut, Institut, Bank, Bankbetrieb und Bankunternehmung finden in der vorliegenden Arbeit synonyme Anwendung (vgl. EILENBERGER 1975, S. 9 f.; HAHN 1981, S. 2, 68 u. 84; KRAFFT 1992, S. 23).

In der Volkswirtschaftslehre herrscht die Auffassung einer Unterteilung der Wirtschaft in drei Sektoren vor: in den Primär-, den Sekundär- und den Tertiärsektor (vgl. HARDES/RAHMEYER/SCHMID 1988, S. 184 ff.). Auf dem tertiären Sektor werden Dienstleistungen angeboten. Darunter kann man „sowohl Leistungsbereitschaft als auch Leistungsfähigkeiten in Form personeller, sachlicher oder immaterieller Ressourcen des Anbieters" (GÜTHOFF 1995, S. 4) verstehen. Mit der räumlichen und technischen Einrichtung eines Bankbetriebs sowie der Einstellung qualifizierter Mitarbeiter werden Voraussetzungen für das Angebot von Bankleistungen geschaffen. Dabei wird die Leistung eines Kreditinstituts, die von seinen Mitarbeitern erbracht wird, erst dann Marktleistung, wenn sie der Kunde als Leistung annimmt und akzeptiert (vgl. REISACH 1994, S. 62). Insgesamt sind „Bankbetriebe als Dienstleistungsbetriebe zu klassifizieren, da ihre Wertschöpfung ausschließlich durch immaterielle Produktionsergebnisse bestimmt ist." (EILENBERGER 1975, S. 40)

Bankleistungen können zwei **wesentliche Eigenschaften** zugeschrieben werden:
1. Abstraktheit und Erklärungsbedürftigkeit;
2. Vertrauensempfindlichkeit.

Bankleistungen sind abstrakte Produkte, die durch vertragliche Bestimmungen näher charakterisiert werden. Je komplexer die Bankleistung, desto höher sind die Anforderungen an den ökonomischen Sachverstand der Marktpartner. Damit steigt der Erklärungsbedarf und schließlich die Abhängigkeit des Kunden von der Bank, wodurch eine nur hinreichende Markt- und Produkttransparenz erreicht wird. Mit der Eröffnung eines Kontos geht ein Bankkunde eine in Ausmaß und Dauer noch nicht abzusehende Absatzbeziehung mit dem Kreditinstitut ein. In Verbindung mit „der Zurverfügungstellung, der Deponierung, des Transports und Umtausches ... (von) *Geld* in unterschiedlichen Formen und Qualitäten" (SÜCHTING 1992, S. 423) entsteht eine vertrauensempfindliche Leistung. Bankleistungen sind insgesamt durch oben genannte spezifische Eigenschaften gekennzeichnet, wodurch eine Trennung von anderen Wirtschaftsbereichen sowie eine gesonderte Betrachtung gegenüber Dienstleistungen notwendig wird (vgl. BÜSCHGEN 1995, S. 18 ff.; SÜCHTING 1992, S. 422 f.). Eine Beurteilung der Bankdienstleistungsqualität (vgl. 1.B.IV.) orientiert sich damit an den Kriterien Sicherheit, Zuverlässigkeit, Diskretion, Schnelligkeit, Pünktlichkeit, Individualität und Komfort (vgl. HAUSCHILD 1981, S. 20).

C. Abgrenzung des Untersuchungsraums Bankenmarkt in den neuen Bundesländern

Bankleistungen werden wie andere Produkte auch auf einem Markt gehandelt. Das **Verständnis eines Marktes** ist in den Wirtschaftswissenschaften nicht einheitlich definiert. Allgemein kann man einen Markt als „Bezugspunkt aller wettbewerblichen Aktivitäten" (EILENBERGER 1975, S. 14) auffassen, d.h. als Ort an dem Angebot und Nachfrage aufeinander treffen bzw. zusammengeführt werden. Das Marktverständnis in dieser Untersuchung orientiert sich an den Konzepten der Sozialwissenschaft. Dieser Ansatz wird dem Anspruch des systemorientierten Denkens insofern gerecht, als der Markt als wirtschaftliches Interaktionssystem abgebildet wird. Während die neoklassische Auffassung marktwirtschaftliche Interaktionen als einen permanenten Suchprozeß nach Informationen charakterisiert (vgl. WOLL 1984, S. 281 f.), sieht die Sozialwissenschaft ein Zustandekommen von Beziehungen auf den Märkten durch die Mitbestimmung sozialer Kriterien (vgl. LOOS 1969, S. 49).

In der marktpsychologischen Diskussion wird Image als Projektion von **Einstellungen** bezeichnet (kritische Betrachtung vgl. WISWEDE 1995, S. 266 f.). Danach wird ein Markt nach segmentspezifischen Auffassungen unterteilt, d.h. nach einer bestimmten Homogenität und Konsistenz zugrundeliegender Einstellungen. Nach SPIEGEL lassen sich Marktteilnehmer in drei Gruppen einteilen: In solche, die einem Meinungsgegenstand ablehnend gegenüberstehen, in andere, die sich ihm gegenüber indifferent verhalten, und in weitere, die ihm anhängen.

Dabei unterscheiden Ansätze aus der Wirtschaftspsychologie Personen, die das soziale Feld eines Meinungsgegenstandes, beispielsweise eines Produktes, bilden, einerseits nach ihrer Einstellung zum Meinungsgegenstand, andererseits nach ihrer Zugehörigkeit zu unterschiedlichen Interaktionssystemen (vgl. LOOS 1969, S. 16). Die psychologische Forschung beschäftigt sich jedoch nicht mit Objekten, sondern mit einem durch Wahrnehmung, Vorstellung und Beurteilung geformten inneren Abbild der Realität.

SPIEGEL nimmt in dem von ihm entwickelten psychologischen Marktmodell die **Positionierung von Meinungsgegenständen in einem multidimensionalen Merkmalsraum** vor (vgl. SPIEGEL 1961, S. 25 und Abbildung 1). Die relevanten Merkmalsdimensionen sind als konträr wahrgenommene Eigenschaften eines Meinungsgegenstandes zu verstehen. In Zusammenhang mit der vorliegenden Untersuchung kann das gesamte Gebilde als der „Bankenmarkt in den neuen Bundesländern" interpretiert werden. Die drei Felder grenzen die zu den einzelnen Institutsgruppen gehörenden Kunden gegeneinander ab, wobei die Anhänger noch weiter in die jeweils eine Institutsgruppe präferierende und lediglich angehörende Kunden unterschieden werden. Die relativen Anhänger können von den konkurrierenden Banken der anderen Institutsgruppen abgeworben werden und stellen für diese somit potentielle Kunden dar.

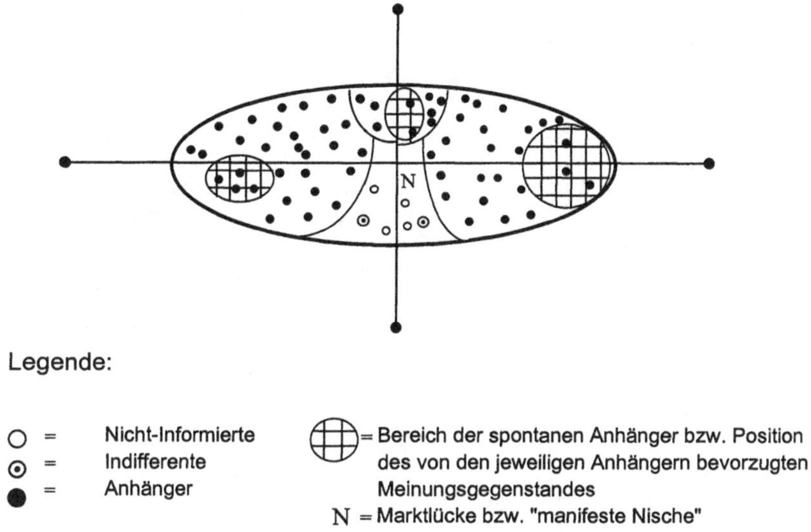

Abb. 1: Die Wettbewerbssituation konkurrierender Meinungsgegenstände. In Anlehnung an: SPIEGEL 1961, S. 68.

Vor dem Hintergrund des systemorientierten Denkens läßt sich der Markt für Bankleistungen als Feld auffassen, in dem Kreditinstitute den tatsächlichen sowie potentiellen Kunden gegenüberstehen. Aus der Sicht der einzelnen Bank stellen die anderen Banken die Konkurrenten dar. Sie bieten parallel vergleichbare Bankleistungen an. Die Kunden verkörpern hingegen die am Markt herrschenden Bedarfsstrukturen (vgl. SAUER 1974, S. 55 f.). Zur Umwelt einer Bank zählen jedoch noch weitere Faktoren, mit denen „die Organisation in irgendeiner Weise in Verbindung steht und von der Beeinflussungen“ ausgehen (EILENBERGER 1975, S. 18). Dazu zählt beispielsweise das regulative Verhalten der Deutschen Bundesbank. Um bei Umweltanalysen nicht das gesamte Umfeld berücksichtigen zu müssen, wird in der Betriebswirtschaftslehre von der **relevanten Umwelt** gesprochen. „Der Begriff *Relevante Umwelt* bezeichnet diejenigen Teile der Umwelt oder Umweltfaktoren von Bankbetrieben, die im Hinblick auf deren Zielbildung, Zielsetzung und Zielerreichung wesentlich oder möglicherweise relevant sind." (EILENBERGER 1975, S. 18). Jedes Kreditinstitut wird allein schon aufgrund von Unterschieden in der Rechtsform, in der regionalen Ausrichtung, in der Definition der Zielgruppen usw. seinen eigenen relevanten Markt abgrenzen müssen. Denn nur auf dem speziellen, relevanten

Markt ist das Kreditinstitut geschäftstätig und dieser muß zielgerecht bearbeitet werden (vgl. KILGUS 1985, S. 175).

Jede Bank schafft sich somit ihre eigenen Marktbeziehungen. Bankleistungen bewirken daher die Entwicklung von Beziehungssystemen im Sach- und Humanbereich. Während sich der sachliche Aspekt der Bankleistung im Leistungsvermögen der Marktpartner wiederfindet, beschränkt sich der humane Aspekt auf das Auftreten der Marktpartner der jeweiligen anderen Partei gegenüber (vgl. Loos 1969, S. 22). Schließlich kann der Markt für Bankleistungen als ein **Interaktionssystem** aufgefaßt werden, das die geschäftlichen und damit auch wettbewerblichen Aktivitäten der Interaktionspartner koordiniert und integriert. „Der *Interaktionsprozeß* ist gekennzeichnet durch die zirkulare Verknüpfung der Struktur des Interaktionssystems (Marktstruktur), des Verhaltens der Interaktionselemente (Marktverhalten) und den daraus resultierenden Interaktionsergebnissen (Marktergebnissen)." (EILENBERGER 1975, S. 90)

Geographisch betrachtet erstreckt sich der Bankenmarkt in der vorliegenden Untersuchung über das Gebiet der ehemaligen DDR. Damit ist das Beitrittsgebiet nach § 23 Grundgesetz im Sinne des Wiedervereinigungsvertrags vom 3. Oktober 1990 gemeint und beinhaltet die zum 14. Oktober 1990 wiedererrichteten Bundesländer Brandenburg, Mecklenburg-Vorpommern, Sachsen-Anhalt, Thüringen und Sachsen, wobei es nicht sinnvoll möglich ist, Berlin in ehemalige Gebiete Ost und West zu unterscheiden. Für die Untersuchung bleibt Berlin unberücksichtigt, da sich in West-Berlin ansässige Institute auf Ost-Berlin ausgedehnt bzw. verschiedene Fusionen stattgefunden haben und dadurch eine Trennung zwischen in dem neuen und dem alten Stadtteil tätigen Instituten nicht möglich ist.

D. Einordnung von Führung und Marketing in das Bankmanagement

SCHMID führt eine Diskussion verschiedener Managementkonzepte in Banken, wobei er seine Ausführungen zusätzlich auf das Qualitätsmanagement bezieht (vgl. SCHMID 1995, S. 63 ff.). Dabei wird in funktionsorientierte Konzepte und ganzheitliche Modelle unterschieden. Funktionsorientierte Managementkonzepte unterteilen das Tätigkeitsfeld des Bankbetriebs in seine einzelnen Funktionsbereiche. Zu den Aufgabenbereichen zählen im allgemeinen Planung, Realisation, Kontrolle, Organisation und Information.

Die Trennung der Aufgabenbereiche ist in Anbetracht der beschriebenen Eigenschaften komplexer Dienstleistungen, insbesondere von Bankleistungen, nicht sinnvoll. Vielmehr erfordert der Bankbetrieb ganzheitliche Betrachtung (vgl. EILENBERGER 1996, S. 536). In Übereinstimmung mit dem systemorientierten Bankbegriff (vgl. 0.B.) vermittelt das **St. Galler Management-Modell** eine eigene Denkweise, die eine Unterteilung komplexer Situationen in einzelne, separat untersuchbare Elemente ermöglicht (ULRICH/KRIEG 1974, S. 12):

1. „Ganzheitliches Denken": Systeme können als Einheit betrachtet und auch in Subsysteme zerlegt werden. Dadurch lassen sich die Verflechtungen und Strukturen besser erfassen.
2. „Prozeßorientiertes Denken": Die Kenntnis über das System und seine Zusammenhänge erlaubt eine Betrachtung der dynamischen Vorgänge und Veränderungen in der Unternehmung.
3. „Interdisziplinäres Denken": Zur Lösung speziell anfallender Aufgaben kann jederzeit auf disziplinübergreifendes Wissen zurückgegriffen werden.
4. „Analytisches und synthetisches Denken": Je nach Untersuchungsgegenstand ist es möglich, auf verschiedene Abstraktionsebenen zu wechseln und damit die Komplexität des anstehenden Problems zu reduzieren.
5. „Pragmatisches Denken": In der betrieblichen Realität sind Informationen unvollkommen. In diesem Modell findet dies insofern Berücksichtigung, als komplexe Situationen als nicht vollständig erklärbar akzeptiert werden. Dabei kommt dem kontinuierlichen Lernprozeß besondere Bedeutung zu.

Die systemorientierte, ganzheitliche Betrachtungsweise stellt einen Bankbetrieb in seinem Umfeld dar. In der externen Umwelt begründete Veränderungen wirken sich auf das Gesamtsystem Bankbetrieb aus. Die Aufgabe der Führung besteht nun darin, konsequent alle Unternehmungsaktivitäten auf eine eindeutig festgelegte bankbetriebliche Zielsetzung auszurichten. Dabei gilt es, einerseits grundsätzliche Entscheidungen über die Gestaltung der wettbewerblichen Aktivitäten im Außenbereich zu treffen, andererseits die Auswirkungen dieser Entscheidungen im Bankbetrieb zu antizipieren (vgl. ULRICH/FLURI 1995, S. 129). Die vorliegende Arbeit beschränkt sich in ihrer Betrachtung bankbetrieblicher **Führung** auf den Bereich innerhalb des Systems. Bezüglich der der Untersuchung zugrunde gelegten Problemstellung interessiert der Einsatz von Führungsinstrumenten, insbesondere im Rahmen der Anforderungen, die mit der neuartigen Wettbewerbssituation in den neuen Bundesländern verbunden sind.

Marketing beschreibt in diesem Zusammenhang die Außenwirkung des Systems Bankbetrieb auf sein Umsystem. „Marketing(-Management) ist der Planungs- und Durchführungsprozeß der Konzipierung, Preisfindung, Förderung und Verbreitung von Ideen, Waren und Dienstleistungen, um Austauschprozesse zur Zufriedenstellung individueller und organisationeller Ziele herbeizuführen." (KOTLER/BLIEMEL 1995, S. 17) Mit der Berücksichtigung des Umfeldes des Bankbetriebs „stellt sich Marketing als unternehmerischer Denk- und Führungsstil - als Managementkonzeption - dar, der sich in einer spezifischen - auf aktuelle und potentielle Märkte ausgerichteten - Orientierung, Ausgestaltung und Handhabung der sogenannten „managerial functions" manifestiert und sich folglich in der marktgerichteten Analyse, Durchsetzung und Kontrolle betrieblicher Aktivitäten konkretisiert" (BÜSCHGEN 1995, S. 15).

Marketing als bewußt marktorientierte Führung erfordert eine Fülle von Informationen über die relevante Umwelt. Die Beschaffung dieser Informationen ist Aufgabe der Marktforschung mit dem Ziel, Kundensegmente zu identifizieren. Die Einteilung der Kunden in Zielgruppen dient einer der spezifischen Nachfrage gerecht werdenden Marktbearbeitung, die von einer entsprechenden Kombination von Marketinginstrumenten im Rahmen des Marketingmix unterstützt wird. (Vgl. MEFFERT 1986, S. 11 ff.) Die vorliegende Untersuchung beschränkt sich auf Marktforschung und Einsatz absatzpolitischer Instrumente. Hinsichtlich der Problemstellung der Untersuchung reichen diese Aspekte des Marketing aus, um die Berücksichtigung der besonderen sozio-demographischen Verhältnisse in den neuen Bundesländern im Rahmen des Bankmanagements aufzudecken.

E. Gang der Untersuchung

Ausgehend von der Abgrenzung der Untersuchungsproblematik werden die Rahmenbedingungen in den neuen Bundesländern analysiert (1.A.). Die organisatorischen Voraussetzungen im Bankwesen zum Zeitpunkt der Wirtschafts- und Währungsunion sind gegenüber dem Bankwesen in den alten Bundesländern völlig gegensätzlich. Die damit entstandene **neuartige Wettbewerbssituation** begründet die isolierte Betrachtung des Bankmanagements in den neuen Bundesländern. Hinsichtlich der empirischen Untersuchung finden vorab sozio-demographische Parameter und gesellschaftliche Aspekte Berücksichtigung.

Daran schließt sich eine Diskussion der für die Untersuchung relevanten Bereiche des Bankmanagements an (1.B.). Ausgehend von den Anforderungen an das Management eines Kreditinstituts (1.B.I.) wird zunächst das strategische Aufgabengebiet durchleuchtet. Die eingehende Formulierung, Festlegung und erneutes Überdenken von **bankbetrieblichen Zielen** unterschiedlicher Hierarchieebenen bilden die Grundlage für bankbetriebliches Handeln (1.B.II.). Einerseits legt die **Führung** die Ziele des Bankbetriebs fest, andererseits lenken die einmal festgelegte Zielen und die daraus abgeleiteten Strategien das Handeln in der Bank. Nach der Abgrenzung eigenschafts-, verhaltens- und situationstheoretischer Führungsansätze erfolgt eine Diskussion der Zweckmäßigkeit von zielbezogener Führung sowie der daraus abgeleiteten Führungstechniken (1.B.III.).

Nach der Untersuchung der Führung innerhalb des Systems Bankbetrieb rückt die Außenwirkung, die **Marktorientierung**, in den Mittelpunkt der Betrachtung (1.B.IV.). In einem ersten Schritt interessiert der Beitrag der Marktanalyse zur Gewinnung von Informationen über den Markt und die daran anschließende Identifikation der für die Marktbearbeitung relevanten Segmente (1.B.IV.a.). Im darauffolgenden Schritt erfolgt eine Ausführung zum spezifischen Einsatz absatzpolitischer Instrumente und deren Nutzen hinsichtlich der Beeinflussung des Nachfrageverhaltens (1.B.IV.b.).

Das zweite Kapitel beinhaltet eine Diskussion verschiedener Untersuchungen, die die Ermittlung qualitativer Erfolgsfaktoren in Kreditinstituten zum Inhalt haben. Daraus werden die für die Erhebung relevanten Aspekte abgeleitet (2.A.). Um den Zusammenhang zwischen den Erfolgsfaktoren und dem Management von Kreditinstituten zu verdeutlichen, dient die Entwicklung eines formalen Konzeptes (2.B.). Basierend auf einer Darstellung des Bankmanagements mit seinen Elementen (2.B.I.) kann einerseits der Einfluß von Instrumenten auf den Problemgehalt des Managements (2.B.II.), andererseits der Zusammenhang zwischen den Systemelementen beschrieben werden (2.B.III.).

Im dritten Kapitel wird die Gewinnung der empirischen Daten beschrieben. Die Konzeption umfaßt dabei alle Universalbanken in den neuen Bundesländern, denen ein einheitlicher Fragebogen zuging (3.A.). Die Darstellung der Repräsentativität des Rücklaufs aus der Vollerhebung bildet die Grundlage für die Aussagekraft der Antworten (3.B.).

Kapitel vier beschreibt die Herkunft der Kreditinstitute als determinierende Variable für die Auswertung der Umfrageergebnisse. Entsprechend der eingangs getroffenen Annahmen wird für ost- und westdeutsche Kreditinstitute von unterschiedlichen Ausgangsbedingungen im Wettbewerb auf dem untersuchten Bankenmarkt ausgegangen. Diese bilden die Starthypothesen für die Diskussion der Untersuchungsergebnisse.

Zielbildung und strategisches Bankmanagement stellen den ersten Betrachtungsgegenstand der empirischen Ergebnisse in Kapitel fünf dar. Der Diskussion der Untersuchungsergebnisse geht grundsätzlich eine Präzisierung der Starthypothesen für den jeweiligen Betrachtungsgegenstand voraus, woran sich die Auswertung der Prüfbefunde anschließt. Dabei wird zunächst dargelegt, inwiefern Probleme bei der Zielsetzung und hinsichtlich des zielbezogenen Managements auftreten (5.A.). Ergänzend erfolgt eine Analyse weiterer, führungsbezogener Schlüsselprobleme (5.B.) sowie grundsätzlicher Schwierigkeiten im Rahmen des Marketingprogramms (5.C.).

Untersuchungsgegenstand des sechsten Kapitels bildet die Führung von Bankbetrieb und Mitarbeitern. Ausgehend von dem in Kapitel zwei aufgestellten formalen Konzept interessiert in einem ersten Schritt der Einsatz von Führungsinstrumenten (6.A.), wobei durch die Präzisierung der Starthypothesen, die die ersten in Kapitel fünf gewonnenen Erkenntnisse aufgreift, eine Unterscheidung in lang- und kurzfristige Führungsinstrumente notwendig wird. Die weitergehende Betrachtung von Führungsproblemen ergänzt den Untersuchungsabschnitt und liefert einen Beitrag zur Überprüfung der Systemhypothese (6.B.).

In Kapitel sieben wird erörtert, wie sich die Marktorientierung der Kreditinstitute in den neuen Bundesländern gestaltet. Ausgehend von der Beschränkung auf Marktforschung und Einsatz absatzpolitischer Instrumente, erfolgt zuerst eine Darlegung der künftigen Bedeutung einzelner Elemente des Marketingmix (7.A.). Hauptaugenmerk der Berücksichtigung von Marktinformationen gilt dem Geschäftsbereich der Privatkunden (7.B.). Diese kommen in der Kundensegmentierung zum Ausdruck. Inwiefern die sozio-demographischen Besonderheiten in den neuen Bundesländern darin eingeschlossen sind, ergeben die Prüfbefunde (7.B.I.). Ebenso gibt die Einschätzung von Wachstumschancen einzelner Dienstleistungen einen Hinweis auf den Grad der Adaption von Marktgegebenheiten (7.B.II.). Ergänzend erfolgt eine Untersuchung des Firmenkunden- und Interbankgeschäfts (7.C.).

Schlußteil der vorliegenden Arbeit bildet eine Zusammenfassung der Untersuchung in Thesen (Kapitel 8).

1. Kapitel: Diskussion und Auswahl von Schwerpunkten für die Untersuchung des Bankmanagements in den neuen Bundesländern

A. Rahmenbedingungen in den neuen Bundesländern

Mit Inkrafttreten des Staatsvertrages über die Errichtung einer Währungs-, Wirtschafts- und Sozialunion kam der gesamtwirtschaftlichen Funktion des Bankwesens besondere Bedeutung zu. Seit dem 1. Juli 1990 gilt die D-Mark als einheitliches, alleiniges gesetzliches Zahlungsmittel; damit wurde die unabhängige Währungs- und Notenbankpolitik der Deutschen Bundesbank auf den ostdeutschen Wirtschaftsraum übertragen. Dem nun unabhängigen, marktwirtschaftlich organisierten Bankensystem fiel dabei die verantwortungsvolle Aufgabe zu, Haushalte und Unternehmungen mit sämtlichen Bankdienstleistungen flächendeckend zu versorgen, d.h. Anlageleistungen anzubieten, den Zahlungsverkehr abzuwickeln und Kredite unterschiedlichster Risikoklassen zu ermöglichen. Die Schaffung dieser organisatorischen Voraussetzungen wurde wesentlich durch die bundesdeutschen rechtlichen Regelungen unterstützt (vgl. BODIN 1994, S. 223 ff.; KESTING 1990, S. 404 ff.).

I. Bankwesen zum Zeitpunkt der Währungsunion

Zur Verdeutlichung der besonderen Wettbewerbssituation im Bankwesen in den neuen Bundesländern ist eine kurze Darstellung der Ausgangsbedingungen für die bereits in der DDR geschäftstätigen Sparkassen und Kreditgenossenschaften sowie die aus dem alten Bundesgebiet neu in den Bankenmarkt eingetretenen Groß-, Regional- und sonstigen Kreditbanken notwendig.

a. Geldverfassung in der DDR

Die Ausgangslage des Bankwesens in der ehemaligen DDR zum Zeitpunkt der Währungsunion war stark durch die Geldverfassung in der sozialistischen Planwirtschaft geprägt. In der DDR war der monetäre Sektor straff in das System der **zentralen Leitung und Planung** integriert, inbegriffen Fixierung der Zinsen, Kreditvergabe nach Wirtschaftsplan etc. Die Mark der DDR stellte eine reine Binnenwährung dar. An der Spitze aller Banken stand die Staatsbank. Sie verfügte über Anweisungsbefugnis gegenüber sämtlichen Banken.

Daneben existierten Spezialbanken, denen eng umrissene Aufgabenbereiche zugeordnet waren, darunter Sparkassen als Bank der Bevölkerung und Genossenschaftsbanken für Handel und Gewerbe. Die Geldversorgung der privaten Haushalte begrenzte sich auf Werbung für das Buchsparen, Kreditplafondierung und betriebsinterne Lohnfondskontrollen. Die Geldversorgung der Kombinate, Einzelbetriebe und Produktionsgenossenschaften erfolgte über begrenzte Kreditvergabe an privilegierte Produktionsbereiche zu zentral festgelegten Kon

Institut	Kennzeichnung	Niederlassungen	Bemerkungen
Staatsbank der DDR	Zentralbank und Geschäftsbank	Berlin, 15 Bezirksdirektionen, 180 Kreisfilialen, 41 Filialen in Kombinaten, über 100 Zweigstellen	Als Organ des Ministerrates das ges. Geldwesen steuernde, beherrschende u. kontrollierende Bank mit Anweisungskompetenz
Bank für Landwirtschaft und Nahrungsgüterwirtschaft	Bank der Staatsgüter, der Landwirtschaftlichen Produktionsgenossenschaften (LPG) und der Nahrungsgüterwirtschaft	Zentrale: Berlin, Bezirksdirektionen, Kreisfilialen, Filialen in Kombinaten, Außenstellen in Kreisen	Zugleich Revisionsorgan für LPG
Deutsche Außenhandelsbank AG (DABA)	Abwicklung des internationalen Zahlungsverkehrs, Finanzierung und Kontrolle der Außenhandelsbetriebe	Zentrale: Berlin, 10 Filialen, 15 Außenstellen	über 100 Korrespondenzbanken, Repräsentanzen in Frankreich, Großbritannien, Italien und Jugoslawien, Aktionäre: Staatsbank und Außenhandelsbetriebe
Deutsche Handelsbank AG (DHB)	Außenwirtschaftliche zentrale Bankgeschäfte, insbesondere mit westlichen Industrieländern	Zentrale: Berlin	Spezielle Devisenbeschaffungseinrichtung
Sparkassen	i.d.R. Kreissparkassen, z.T. Stadt- sowie Stadt- und Kreissparkassen, Sammlung von Einlagen, Abwicklung des Zahlungsverkehrs, begrenzte Kreditprogramme	196 Hauptstellen, ca. 2400 Zweigstellen, ca. 700 Agenturen (nebenamtlich)	ca. 20000 Mitarbeiter, Kunden: private Haushalte, ferner: private Betriebe, gesellschaftliche Organisationen unterhalb der Kreisebene, kommunale Wohnungsbaugenossenschaften
Genossenschaftskassen für Handwerk und Gewerbe	Genossensch. Kreditinstitute, Hauptaufgabe: Finanzkontrolle der Produktionsgenossenschaften des Handwerks PGH	96 Hauptstellen (1984), Filialen insbesondere in Städten	Zusammenschluß im Genossenschaftsverband für Handwerk und Gewerbe (...), Kunden: PHG, private Betriebe, private HH
Bäuerliche Handelsgenossenschaften	Kontenführung für die Landbevölkerung, Warengeschäfte (für Garten- und Hauswirtschaft)	über 2400 Zahlstellen (1984) in vielen Landgemeinden	Zusammenschluß in der „Vereinigung der Gegenseitigen Bauernhilfe" (...) mit Bezirks- und Kreisverbänden
Deutsche Post	Postsparkasse und Postcheckämter, Sammlung von Einlagen, bargeldloser und halbbarer Zahlungsverkehr	Postsparkassenamt Berlin, Postcheckämter Berlin, Dresden, Erfurt, Leipzig, Magdeburg	Kunden: Private Haushalte, staatliche und private Betriebe als Nebenkontoverbindung
Reichsbahn-Sparkasse	Kontenführung insbesondere für angehörige der Reichsbahn	1 Zentrale, 8 Filialen in der Reichsbahndirektion, Zahlstellen in Bahnhöfen und sonstigen Betriebsstellen	Gehört dem Genossenschaftsverband für Handwerk und Gewerbe an

Tab. 1: Kreditinstitute in der DDR und deren Funktionen. Quelle: ASHAUER 1990, S. 9.

ditionen. Mit der Aufgabentrennung im Bankwesen verbunden war auch eine uneinheitliche Ausbildung zum Finanzkaufmann: Jede Bank gestaltete die betriebliche Lehre nach den jeweils zu erfüllenden Aufgaben (vgl. BERGER 1990, S. 72 ff.; KREYENSCHMIDT 1990, S. 504). Einen Überblick über die einzelnen Kreditinstitute in der DDR und deren Aufgaben gibt Tabelle 1.

b. Das bundesdeutsche Bankensystem

Die Deutsche Bundesbank ist entsprechend der bundesdeutschen Wirtschaftsordnung von der Regierung **unabhängig**, die Finanzierung öffentlicher Haushalte ist ausgeschlossen. Allerdings unterliegt die Deutsche Bundesbank bestimmten, „im Interesse einer Koordinierung der allgemeinen Wirtschaftspolitik und der Geld- und Kreditpolitik stehende Zusammenarbeitspflichten" (BÜSCHGEN 1993, S. 85). Zum Aufgabenbereich der Deutschen Bundesbank zählen insbesondere die Regelung des Geldumlaufs und die Kreditversorgung der Wirtschaft. Im Gesetz über die Deutsche Bundesbank in der Fassung vom 22. Oktober 1992 (BBkG) sind deren Funktionen genau definiert, die im wesentlichen drei Bereiche umfassen: Sie ist erstens Hausbank des Staates, zweitens Hausbank der Banken und drittens verfügt sie über währungspolitische Befugnisse und ein notenbankpolitisches Instrumentarium.

Als Hausbank des Staates übernimmt die Bundesbank verschiedene Dienstleistungsgeschäfte mit öffentlichen Stellen (vgl. § 20 I BBkG). Zudem werden Schuldverschreibungen, Schatzwechsel sowie öffentliche Wertpapiere von Bund und Ländern durch die Bundesbank begeben. Umfangreicher gestalten sich die Anforderungen an die Deutsche Bundesbank als Bank der Banken. Eine Aufgabe besteht in der Haltung der Liquiditätsreserven. Damit ist das Halten von Guthaben zu verstehen, d.h. Giroeinlagen, die zur Abwicklung des Zahlungsverkehrs dienen, sowie Mindestreserven, die nach § 16 BBkG von den Banken bei der Bundesbank erbracht werden müssen. Eine weitere Aufgabe besteht in der Refinanzierung der Banken. Dabei besteht für die Banken grundsätzlich die Möglichkeit, sich mit Hilfe von Wechseldiskontkrediten, Lombardierung und durch Pensionsgeschäfte Kredite bei der Deutschen Bundesbank zu beschaffen und für die eigene Geschäftstätigkeit zu nutzen. Nicht zuletzt hat die Deutsche Bundesbank für den reibungslosen Ablauf sowohl des nationalen als auch des internationalen Zahlungsverkehrs zu sorgen (vgl. EILENBERGER 1996, S. 72 ff.).

Die D-Mark ist seit 1958 eine voll konvertible Währung und unterliegt währungspolitisch störenden Einflüssen, die zu beherrschen eine Aufgabe der Deutschen Bundesbank darstellt. Aber auch innerhalb des bundesdeutschen Marktes treten bei liberalisiertem Waren-, Dienstleistungs- und Kapitalverkehr Beeinträchtigungen auf. Um eine stabile Geldpolitik zu gewährleisten, verfügt die Deutsche Bundesbank daher über verschiedene notenbankpolitische Instrumente. Zur Steuerung der Geldmenge wird die Geldnachfrage und das

Geldangebot durch die gezielte Variation des Zentralbankgeldes, der freien Liquiditätsreserven und des Diskont- und Lombardzinssatzes beeinflußt. Das jährlich festgelegte Geldmengenziel stellt dabei lediglich eine Orientierungsgröße dar, das die Geldpolitik unterstützt, der Wirtschaft einen Bewegungsrahmen aufzeigt und den Banken letztendlich einen eingegrenzten absatzpolitischen Handlungsspielraum überläßt (vgl. BERGER 1990, S. 75).

c. Ost- und westdeutsche Banken in den neuen Bundesländern

Aus dem Zusammentreffen eines marktwirtschaftlich und eines zentralwirtschaftlich organisierten Bankenmarktes erwuchs die Aufgabe, diese zum 1. Juli 1990 in Einklang zu bringen. Die unbedingte Notwendigkeit bestand in der Etablierung eines funktionsfähigen marktwirtschaftlichen Bankensystems in den neuen Bundesländern. Dabei übernahm die Deutsche Bundesbank die ihr durch bundesdeutsches Gesetz aufgetragenen Aufgaben (vgl. Art. 10 Abs. 3 des Vertrages über die Schaffung einer Wirtschafts-, Währungs- und Sozialunion zum 01.07.1990).

Die Staatsbank der DDR, die zum 1. Oktober 1994 aufgelöst und in die Kreditanstalt für Wiederaufbau überführt wurde, übernahm Sonderaufgaben, in ihrer Funktion als Geschäftsbank trat die Deutsche Kreditbank AG die Nachfolge an. Deutsche Bank AG und Dresdner Bank AG begaben sich mit dieser in ein Joint-Venture. Commerzbank AG sowie weitere Kreditbanken traten unabhängig von einer Kooperation mit in der DDR geschäftstätigen Kreditinstituten im neuen Bankenmarkt auf (vgl. SAUER 1992, S. 262 ff.). Zusammen bilden sie die Gruppe der Kreditbanken („Westbanken").

Daneben nahmen weitere Spezialbanken den Geschäftsbetrieb auf, z.B. die Deutsche Außenhandelsbank AG. Die Stadt- und Bezirkssparkassen wurden entsprechend den westdeutschen Regelungen der Sparkassenorganisation unterstellt (vgl. GEIGER 1992). Der Umstrukturierungs- und der nachfolgende Fusionsprozeß dauern noch an. Analog ließen sich die Genossenschaftsbanken der Struktur der bundesdeutschen Bankenlandschaft zuordnen: Die Genossenschaftskassen für Handwerk und Gewerbe konnten gemäß ihrer Geschäftstätigkeit den Volksbanken, die Bäuerlichen Handelsgenossenschaften den Raiffeisenbanken zugeordnet werden. Daneben existiert noch die Postbank. Abbildung 2 veranschaulicht die Regelung des Bankensystems in den neuen Bundesländern wie sie übergangsweise Bestand hatte. Heute entspricht die Untergliederung der Institute in Gruppen der in den alten Ländern.

Kennzeichnend für die Bankenstruktur in den neuen Bundesländern ist der Umstand, daß einerseits Banken bereits vor Ort tätig waren, während westdeutsche Banken parallel in den Markt eingetreten sind. Diese Situation verdeutlicht, daß die **Startbedingungen** hinsichtlich Marktzugang und Marktchancen **ungleich** waren:

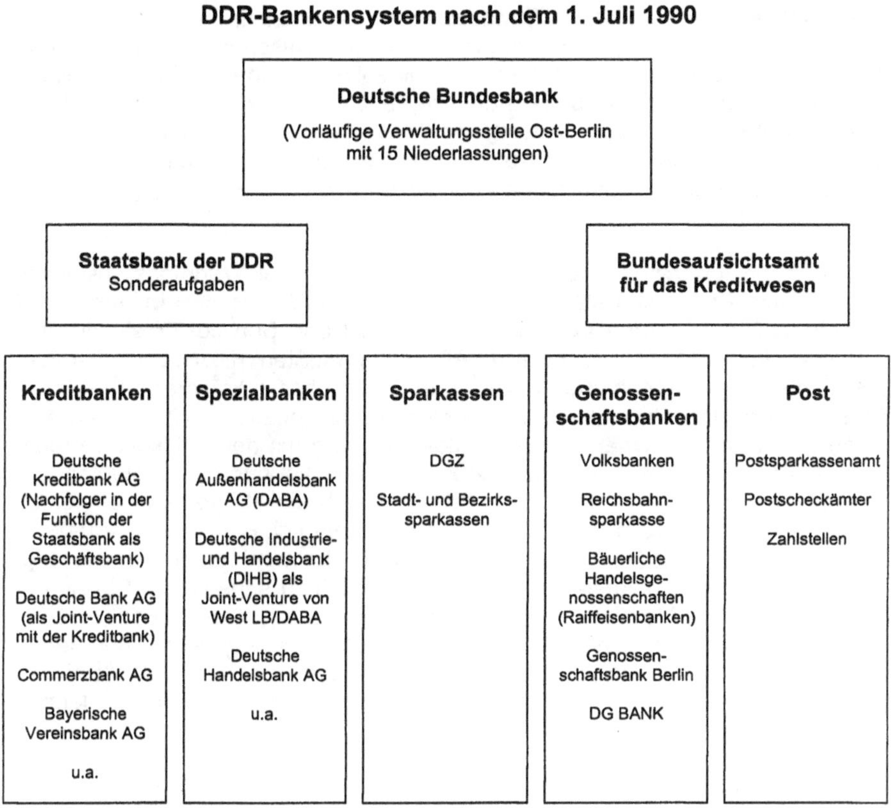

Abb. 2: DDR-Bankensystem nach dem 1. Juli 1990. Quelle: KUBISTA 1990, S.10

Die **bislang vertretenen Banken** verfügten über sämtliche Kundenverbindungen, ein flächendeckendes Filialnetz, Mitarbeiter sowie Orts- und Kundenkenntnisse. (Einer Umfrage des Instituts für Marktforschung Leipzig von Anfang 1995 zufolge sind noch immer 84 % aller Haushalte Sparkassenkunden, wobei 74 % der Haushalte die Sparkasse als Hauptbankverbindung angeben und 42 % nur Sparkassenkunden sind; vgl. INSTITUT FÜR MARKTFORSCHUNG LEIPZIG 1995.) Aufgrund des hohen Marktanteils und der Geschäftstätigkeit in der DDR standen ihnen auch umfangreiche Refinanzierungsmittel zur Verfügung, was sich aber hinsichtlich der Bilanzstruktur als Nachteil erwies. Die starke Passivlastigkeit der Geschäftstätigkeit ostdeutscher Banken bewirkte eine Ausweitung des Aktivgeschäfts in risikoreiche und niedrigverzinsliche Aktiva. Zudem erforderten die Währungsumstellung, fehlendes Know-how sowie mangelhafte technische Ausstattung einen erheblichen personellen, finanziellen und zeitlichen Aufwand (vgl. KRAFFT 1992, S. 183; KLEIN 1993, S. 37).

Die Sparkassen in den neuen Bundesländern haben sich, mit Ausnahme von Thüringen, zu einem eigenen Verband, dem Ostdeutschen Sparkassen- und Giroverband, zusammengeschlossen. Damit sollen die spezifischen Interessen vertreten sowie Probleme und Erfordernisse bewältigt werden. Der Verband sieht eine flächendeckende Versorgung der Wirtschaft mit Bankleistungen als seine Aufgabe. Unerwünschte Konzentrationen sollen so vermieden und die Leistungsfähigkeit der Sparkassenorganisation gesichert werden (vgl. SCHMIDT 1993, S. 97 ff.).

Während die fortbestehenden Banken der DDR mit der Währungsumstellung und internen Problemen stark belastet waren, konnten die **neu in den Markt tretenden Banken** ihren Vorsprung an Technik und Service für ein direktes Auftreten im Bankenmarkt nutzen. Allerdings mußten diese zunächst Geschäftsstellen einrichten und qualifizierte Mitarbeiter rekrutieren. (Deutsche Bank AG und Dresdner Bank AG konnten dabei Vorteile durch die teilweise Übernahme der Staatsbank aus dem Joint-Venture mit der Deutschen Kreditbank AG nutzen.) Private Banken ließen sich zunächst nur in Großstädten nieder, da dort das Risiko einer verfehlten Standortwahl als geringer eingestuft wurde (vgl. DENNIG 1991, S. 131; zum Engagement vgl. BUNDESVERBAND DEUTSCHER BANKEN 1994, S. 2 ff.). Für diese Banken bestand zudem kein Zwang, sich in den neuen Bundesländern bankgeschäftlich zu engagieren. Ein Auftreten in dem neuen Marktgebiet bot lediglich die Chance, aus dem engen Bankenmarkt in den alten Bundesländern (vgl. NADER 1993, S. 454) in einen neuen Markt, der denselben Regelungen unterliegt, einzutreten sowie weitere Marktgebiete zu erschließen und damit die eigene Geschäftstätigkeit auszudehnen (vgl. KRAFFT 1992, S. 205).

II. Sozio-demographische Kenngrößen

Zur Ergänzung der für die folgende Untersuchung relevanten Informationen wird zunächst ein Überblick über die für die Banken in den neuen Bundesländern wesentlichen Umweltdaten gegeben. EILENBERGER unterteilt die bankbetriebliche Umwelt in drei Bereiche, d.h. die externen Informationen erstrecken sich auf den sozialen, politischen und ökonomischen Bereich (vgl. EILENBERGER 1975, S. 25). Der politische Bereich bleibt in dieser Untersuchung unberücksichtigt. Zu den Informationen über den sozialen Bereich zählen insbesondere Rahmendaten über Bevölkerung, Bildungsstand, Berufstätigkeit sowie Bedürfnisse (vgl. 1.A.II.b); siehe auch KRAFFT 1992, S. 84). Ökonomische Informationen sind hauptsächlich in Kenngrößen aus dem Wirtschaftsgeschehen enthalten. PRIEWASSER kennzeichnet die Geschäftsfelder erfolgreicher Sparkassen „auf Basis von Kaufkraftkennzahlen, des Bruttoinlandproduktes sowie des Gewerbesteueraufkommens je Einwohner“ (PRIEWASSER 1992, S. 95; vgl. 1.A.II.a.). Einen detaillierten Überblick über relevante Umfeldbereiche und Einflußfaktoren gibt Abbildung 3.

Umfeldbereich	Einflußfaktoren
Bevölkerung	- Einwohnerzahl im Einzugsgebiet, Bevölkerungsstruktur - Haushaltsgrößen - Ausländeranteil - Land-/Stadtflucht
Wirtschaftsentwicklung	- Bruttoinlandsprodukt/Bruttoregionalprodukt - Einkommensentwicklung - Kaufkraft/Inflation/Zinsniveau - Arbeitslose - Vermögensübertragung/Erbfälle - Anzahl der Unternehmen im Einzugsgebiet - Branchenentwicklung im Einzugsgebiet - kommunale investive Maßnahmen - Wohnungsmarkt - Kapitalstruktur der Unternehmen
Gesellschafts- und Wirtschaftspolitik	- Europäische Integration - Einfluß kommunaler Kräfte - Arbeitszeitverkürzung - Ausbildungsniveau Soziale Absicherung - Öffentliche Wirtschaftsförderung - Steuern und Abgaben - Tarifpolitik
Gesetzgebung	- Verschärfte Einstellung zum Risiko: Finanzinnovationen, Umweltrisiken, Eigenkapitalerfordernisse - sektorenspezifische Rahmenbedingungen, z.B. Sparkassengeschäfte, Homologisierung in Europa und in westlichen Industriestaaten
Wertewandel	- Einstellung zur Technik - Kommunikationsverhalten
Wertewandel	- Anspruchsdenken - Umweltbewußtsein - Freizeit und Arbeit - Individualität und Gruppenverhalten - Frau und Mann in der Emanzipation - Mobilität und Arbeitsplatz
Kundenbedürfnisse und -verhalten	- Sicherheit - Verfügbarkeit von Leistungen (z.B. Finanzmittel) - Ertrag - Preis-Leistungsbewußtsein - Qualitätsbewußtsein - Bequemlichkeit
Wettbewerb	- Anzahl, Struktur, Betriebsgrößen - Marktverhalten; eingesetztes absatzpolitisches Instrumentarium - erkennbare Basisstrategien - Spezialisierungstendenzen
Rolle und Funktion der Sektoren u. Verbände	- zentrale Funktionen - Gemeinschaftsfunktionen
Stellung der Banken in der Öffentlichkeit	- Image von Institutionen - Image von Institutionsgruppen und Sektoren
Verhältnis zur öffentlichen Hand	- Rolle der Kommunen (Bund, Länder, Gemeinden) - Art der gegenseitigen Einflußnahme
Technik	- Informationstechnologie - Unterstützung von Arbeitsabläufen

Abb. 3: Relevante Umfeldbereiche und Einflußfaktoren. Quelle: DUNSTBERGER 1995, S. 41

a. Volkswirtschaftliche Zusammenhänge

Um einen Überblick über die ökonomische Lage in den neuen Bundesländern gewinnen zu können, eignen sich Rahmendaten, wie Bruttoregionalprodukt, Einkommensstruktur, Kaufkraft, Sparquote und Vermögen. Anhang I gibt einen Überblick über die Größen für die einzelnen ostdeutschen Bundesländer, die Ergebnis des Mikrozensus im April 1995 sind. Im folgenden werden Kaufkraft und Verteilung der Einkommen genauer betrachtet.

Die **Kaufkraft** stellt für sich genommen eine wichtige Voraussetzung für das Wirtschaftsleben dar und bildet daher für Kreditinstitute eine entscheidende Orientierungsgröße bei der Planung der Geschäftstätigkeit. Sie läßt sich aus der Höhe der Einkommen, Spareinlagen und den Zugriffsmöglichkeiten auf Kredite sowie aus Preisen ermitteln (vgl. im einzelnen PEPELS 1996, S. 414). In den neuen Bundesländern zeichnet sich ein Nord-Süd-Gefälle der Kaufkraft ab: Bezogen auf den gesamtdeutschen Index 100 befindet sich Mecklenburg-Vorpommern mit 67,7 am unteren Ende der Skala. Darauf folgen Sachsen-Anhalt mit 70,3, Thüringen mit 71, Brandenburg mit 71,3 sowie Sachsen mit 71,6 (vgl. BRILMAYER 1995, S. 75).

In Verbindung mit der Kaufkraft, die die Höhe des Bevölkerungseinkommens berücksichtigt, gibt die **Verteilung der Einkommen** einen Einblick in die wirtschaftliche Situation der Bevölkerung. Tabelle 2 zeigt die Entwicklung der Verteilung der Nettoäquivalenzeinkommen in den neuen Bundesländern von 1990 bis 1993 und ermöglicht einen Vergleich zu der Verteilung in den alten Bundesländern. (Dabei ist das Nettoäquivalenzeinkommen der Quotienten aus ergänztem Haushaltsnettoeinkommen und der Summe der Bedarfsgewichte der Haushaltsmitglieder.)

	Nettoäquivalenzeinkommensvielfache							
	unter 0,5	0,5-0,75	0,75-1,0	1,0-1,25	1,25-1,5	1,5-2,0	über 2,0	gesamt
Ost 1990	3,4	21,6	29,2	25,2	12,7	6,8	1,1	100
Ost 1993	7,3	20,9	30,3	21,9	11,1	6,2	2,4	100
West 1993	11,5	24,8	23,9	16,4	10,1	8,5	4,7	100

Tab. 2: Die Verteilung ost- und westdeutscher Personen auf Klassen von Vielfachen des durchschnittlichen Nettoäquivalenzeinkommens (in Prozent); Quelle: MÜLLER/FRICK/HAUSER 1995, S. 205.

Danach „hat die Ungleichheit der personellen Verteilung des Äquivalenzeinkommens unter den Ostdeutschen von 1990 bis 1993 zugenommen, ohne jedoch das Ausmaß der westdeutschen Ungleichheit zu erreichen." (MÜLLER/FRICK/HAUSER 1995, S. 203) Während einerseits immer mehr Menschen mit einem unterdurchschnittlichen Einkommen auskommen müssen, verfügen andererseits mehr Einwohner über höhere Einkommen. In Anbetracht der erheblichen Veränderungen in der Wirtschaftsordnung zeigt sich die Gesamtverteilung jedoch relativ stabil. Allerdings kann von der Stabilität der Einkommensverteilung nicht auf eine Konstanz der individuellen Einkommenssituationen geschlossen werden, insbesondere in Anbetracht der schwierigen Situation auf dem Arbeitsmarkt.

b. Gesellschaftliche Aspekte

Hintergrund der Betrachtung sozio-demographischer Daten im Hinblick auf die folgende Untersuchung ist, einen Einblick in die gesonderte Situation in den neuen Bundesländern zu erhalten und damit auf die veränderten Rahmenbedingungen hinzuweisen, mit denen das Bankmanagement in den neuen Bundesländern konfrontiert wird. Tabelle 3 gibt einen Überblick über die Zahl der Einwohner und Haushalte sowie die Haushaltsgrößen. Zudem finden sich Angaben über Arbeitslosigkeit, Berufstätigkeit und Bildungsstand der Bevölkerung in den neuen Bundesländern im Vergleich der Jahre 1989 und 1995.

	1989:	**1995:**
Einwohner:	16.667.000	15.472.068
Haushalte:	6.794.000	6.791.400
eine Person:	2.000.000	2.062.800
mehrere Personen:	4.794.000	4.728.600
Erwerbstätige: insgesamt:	8.594.000	6.669.877
Arbeiter/Angestellte/Beamte:	7.589.000	6.146.582
Selbständig/mitarb. Familienangehörige:	182.000	496.695
Arbeitslose:		1.090.493
Bildungsstand:		
Hochschulabschluß:	5,1 %	6,8 %
Fachschulabschluß (incl. Meisterabschl.):	13,3 %	8,7 %
Facharbeiter:	46,3 %	41,0 %

Tab. 3: Sozio-demographische Kenngrößen in den neuen Bundesländern. Quellen: WINKLER 1990; Die Angaben für 1995 ergeben sich aus den Angaben der zuständigen statistischen Landesämter und sind Ergebnis des Mikrozensus im April 1995. Weitere Angaben vgl. Anhang I.

Seit der deutschen Wiedervereinigung gingen in den neuen Bundesländern drei Millionen Arbeitsplätze verloren, das entspricht einem **Beschäftigungsrückgang** von einem Drittel. Besonders davon betroffen waren die Sektoren Landwirtschaft und verarbeitendes Gewerbe. „Der massive Beschäftigungsabbau führte zu Massenarbeitslosigkeit, vorzeitigem Ausscheiden aus dem Berufsleben, Kurzarbeit, Abwanderung vor allem jüngerer Arbeitskräfte nach Westdeutschland sowie zu einer zunehmenden Anzahl von Westpendlern (1993: ca. 600 000)." (BERGER 1995, S. 44) Frauen, ältere Menschen sowie An- und Ungelernte sind besonders von dem Strukturwandel betroffen. Mit dem Schritt in die Arbeitslosigkeit verbunden war für viele ein Verbleiben im beschäftigungslosen Zustand. Ein Drittel aller Arbeitslosen sind über zwei Jahre ohne Beschäftigung, weitere 50 % mehr als ein Jahr. Eine Umfrage des Instituts für Marktforschung Leipzig Anfang 1995 bestätigt dieses Bild: 32 % der Haushalte mit Erwerbstätigen sind von Arbeitslosigkeit, Kurzarbeit, ABM oder Umschulung betroffen. Vor diesem Hintergrund ist die Einstellung von 67 % der Bevölkerung zu sehen, die es ablehnen, einen Kredit für Anschaffungen aufzunehmen, ohne vorher gespart zu haben (vgl. INSTITUT FÜR MARKTFORSCHUNG LEIPZIG 1995).

Der **gesellschaftliche Umbruch** in Ostdeutschland ging mit hoher Massenarbeitslosigkeit einher. Damit verbunden war eine Neuformierung der Gesellschaft. Arbeitslose haben demnach einen denkbar schweren Einstieg in die neue Gesellschaftsordnung. Von ihnen wird erwartet, ihre Lebensweise mit einem neuen Wertesystem in Einklang zu bringen sowie ohne die Sicherheit eines allumfassenden staatlichen Fürsorgesystems Ziele eigenverantwortlich und selbständig zu verwirklichen (vgl. KRONAUER/VOGEL 1995, S. 152 f.; MEIER 1995, S. 153). In folgenden Bereichen kommt der Unterschied zu den westdeutschen Verhältnissen besonders deutlich zum Ausdruck:

„1. Die Konfrontation mit einem Arbeitsmarkt, in dem der „Verkaufswert" der Arbeit zentral, der Gebrauchswert dagegen zweitrangig ist; 2. Die (westdeutsche) Trennung von öffentlicher Sphäre der Erwerbsarbeit einerseits und privater Sphäre von Familie und Haushalt andererseits, die in dieser Form für die DDR nie existierte und insbesondere für die arbeitslosen ostdeutschen Frauen eine neue (und ungewollte) Erfahrung darstellt; 3. die Einbettung der Arbeitslosigkeitserfahrungen in die neu eröffneten Möglichkeiten des Massenkonsums." (ANDREß 1995, S. 4) Basierend auf diesen gesellschaftlichen Umbrüchen kann eine veränderte Bedarfsstruktur in den neuen Bundesländern verglichen mit dem alten Bundesgebiet angenommen werden.

B. Bankmanagement

Management ist ein vielschichtiger, in der betriebswirtschaftlichen Diskussion nicht einheitlich verwendeter Begriff. In Anlehnung an das systemorientierte Verständnis des Bankbegriffs (vgl. 0.B.) zeigt das folgende Kapitel die Anforderungen an das Bankmanagement hinsichtlich Zielbildung, Führung und Marketing auf und bildet damit eine theoretisch fundierte Diskussionsgrundlage für die Interpretation der Untersuchungsergebnisse.

I. Zum Begriff des Managements

Der Begriff Management wird von verschiedenen Vertretern der Managementtheorie einerseits hinsichtlich funktionaler und institutionaler Aspekte unterschieden, andererseits aber auch sach- und personenbezogen (vgl. STAEHLE 1991, S. 65 ff.; STEINMANN/SCHREYÖGG 1993, S. 6 ff; ULRICH/FLURI 1995, S. 13 ff.; in der Bankbetriebslehre vgl. BÜSCHGEN 1981, S. 13 ff.; EILENBERGER 1996, S. 535 f.). ULRICH und FLURI liefern in Zusammenhang mit der Betrachtung von Unternehmungen als soziotechnische Systeme einen integrierten Ansatz (vgl. ULRICH/FLURI 1995, S. 13 ff. und Abbildung 4):

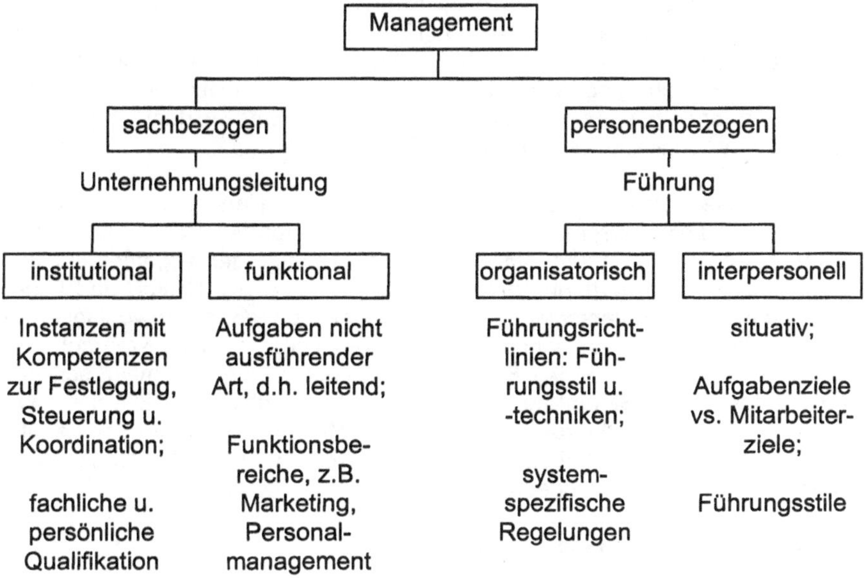

Abb. 4: Systematisierung des Managementbegriffs. In Anlehnung an ULRICH/FLURI (1995), S. 13 ff. u. 225 ff.

In erster Linie wird demnach Management in personenbezogener und sachbezogener Hinsicht unterschieden, wobei der Personenbezug den Umgang mit den Mitarbeitern und der Sachbezug die Bewältigung der das Unternehmungsziel fördernden Aufgaben beschreibt. Der sachbezogenen Sicht ist die Unternehmungsleitung zuzuweisen, die sich sowohl im institutionellen als auch im funktionellen Sinn begreifen läßt (vgl. ULRICH/FLURI 1995, S. 13 ff.). STAEHLE hingegen unterscheidet Management zunächst in funktioneller und institutioneller Sicht, wobei diese Definition der von ULRICH und FLURI nahe kommt.

Nach dieser Betrachtungsweise wird jedoch der funktionale Aspekt personen- und sachbezogen unterschieden, wobei im sachlichen Bereich die Managementfunktionen angesprochen werden und im personenbezogenen Bereich die Personalführung (vgl. STAEHLE 1991, S. 65 ff.). Diese gegensätzliche Begriffsstrukturierung läßt sich jedoch wie folgt für die vorliegende Untersuchung nutzen:

„Als *Institution* umfasst das Management alle Instanzen in der Unternehmung, die über Kompetenzen zur Festlegung, Steuerung und Koordination der Aktivitäten untergeordneter Stellen verfügen." (ULRICH/FLURI 1995, S. 13) Von einem Inhaber einer dieser Beschreibung zuzuordnenden Stelle wird dabei entsprechende fachliche und persönliche Qualifikation erwartet (zu Qualifikation als Führungsproblem vgl. NIEDERFEICHTNER 1987, Sp. 1749 ff.; zu Anforderungen an das Bankmanagement vgl. KRÜGER/THEISSEN/OLEMOTZ 1992, S. 259 f.). Auf den Bankbetrieb übertragen kann Management im institutionellen Sinn als Positions-, Interaktions- und Kompetenzgefüge der Entscheidungsträger verstanden werden (vgl. EILENBERGER 1996, S. 535 f.).

„Der Funktionsansatz knüpft dagegen ... an diejenigen Handlungen an, die der Steuerung des Leistungsprozesses, d.h. aller zur Aufgabenerfüllung notwendigen auszuführenden Arbeiten in der Unternehmung oder allgemein in der Organisation, dienen" (STEINMANN/SCHREYÖGG 1993, S. 6). ULRICH und FLURI unterscheiden noch in verschiedene hierarchische Ebenen, die sowohl leitende als auch ausführende Funktionen in unterschiedlichem Ausmaß wahrnehmen (vgl. ULRICH/FLURI 1995, S. 14). Funktionales Bankmanagement meint schließlich die zielgerichtete Steuerung und Regelung des Systems Bankbetrieb. Das in dieser Untersuchung betrachtete Managementelement Führung soll begrifflich zwischen dem personenbezogenen Management und dem funktional sachbezogenen Management eingeordnet werden.

II. Strategisches Bankmanagement

Bevor die Strategieplanung in Kreditinstituten vorgenommen werden kann, steht die Bestimmung genereller bankbetrieblicher Ziele im Vordergrund. Ziele sind mehrdimensional, abhängig von der Rechtsform und unterliegen strengen Nebenbedingungen. Die Festlegung von Oberzielen bestimmt langfristig die Richtung, in der sich eine Bankunternehmung bewegen will. Wie sich bankbetriebliche Ziele im einzelnen zusammensetzen, erläutert Abschnitt 1.B.II.a.

Entsprechend dem Verständnis von Management in funktionalem und institutionalem Sinn beschreibt KREIKEBAUM das strategische Management. Funktional sind die strategischen Führungsentscheidungen und institutional werden Unternehmungspolitik, Planung, Organisation und Kontrolle festgelegt. „Als wichtiger Bestandteil des strategischen Managements wird die *Bewältigung von Diskontinuitäten durch eine „strategische Frühaufklärung"* gezählt." (KREIKE-

BAUM 1987b, Sp. 1898) Mit zunehmender Bedeutung von künftigen Markterfolgspotentialen verbunden ist die vorausschauende Identifikation und Entwicklung spezifischer strategischer Erfolgsfaktoren (vgl. ULRICH/FLURI 1995, S. 20).

KRÜGER identifiziert in einem branchenübergreifend entwickelten und empirisch getesteten „Konzept zur mehrdimensionalen Planung und Analyse strategischer Erfolgssegmente (KOMPASS)“ die Segmente Träger, Philosophie, Strategie, Struktur, Systeme und Realisationspotential als bedeutendste Erfolgsfaktoren (vgl. KRÜGER 1988, S. 29 ff.). KRÜGER, THEISSEN und OLEMOTZ bestätigen diese Segmente für Kreditinstitute (vgl. KRÜGER/THEISSEN/OLEMOTZ 1992, S. 254 f.). Abbildung 5 gibt einen integrierten Überblick über die Erfolgsfaktoren, ihre hierarchische Ordnung und die Interaktionen zwischen den Segmenten.

Sie können entsprechend ihrem Wirkungshorizont in die Bereiche Strategieformulierung, Strategieumsetzung sowie in den unterstützenden Bereich Schaffung eines produktiven Klimas geordnet werden. Der größte Erfolgsbeitrag geht von den Faktoren Träger und Strategie aus. Zu den Trägern zählt das Management der Bank unter Berücksichtigung der jeweiligen fachlichen, persönlichen sowie sozialen Eigenschaften der Managementträger. Ihre Aufgabe ist es, zieladäquate Strategien zu entwickeln.

Daran schließt sich die Umsetzung der festgelegten Strategie durch die entsprechende Organisation des Bankbetriebs (struktureller Aspekt), durch den Einsatz von Finanzpotential, Human Capital und Marketinginstrumenten (d.h. Realisationspotential) sowie mit Hilfe von Systemen an. Ein produktives Klima unterstützt die ablaufenden Vorgänge. Dabei leisten Leitbilder einen großen Beitrag (vgl. 1.B.III.c.).

Der Bankbetrieb als dynamisches System wird von sich laufend verändernden Umweltbedingungen beeinflußt. **Strategien** verfolgen dabei den Zweck, diese Veränderungen zu antizipieren. Dies gilt insbesondere für alle Kreditinstitute, die in den neuen Bundesländern geschäftstätig sind. Im Interesse der Bank sollten eigene Stärken ausgebaut und genutzt, Entwicklungsrichtungen aufgezeigt und Erfolgspotentiale aufgebaut werden (vgl. KREIKEBAUM 1987a, S. 25). Veränderungen im bankbetrieblichen Umfeld können daher mit Neuerungen und mit Bewährtem begegnet werden. Das strategische Instrumentarium erstreckt sich somit über repetitive und innovative Aufgaben, die nebeneinander erfüllt werden müssen, die sich gegenseitig ergänzen und auch bedingen. Dem Prozeß der Strategieentwicklung vorausgehend ist der für betriebswirtschaftliches Handeln unabdingbare Prozeß der Zielformulierung. Im folgenden werden daher zunächst Aspekte bankbetrieblicher Zielsetzung betrachtet.

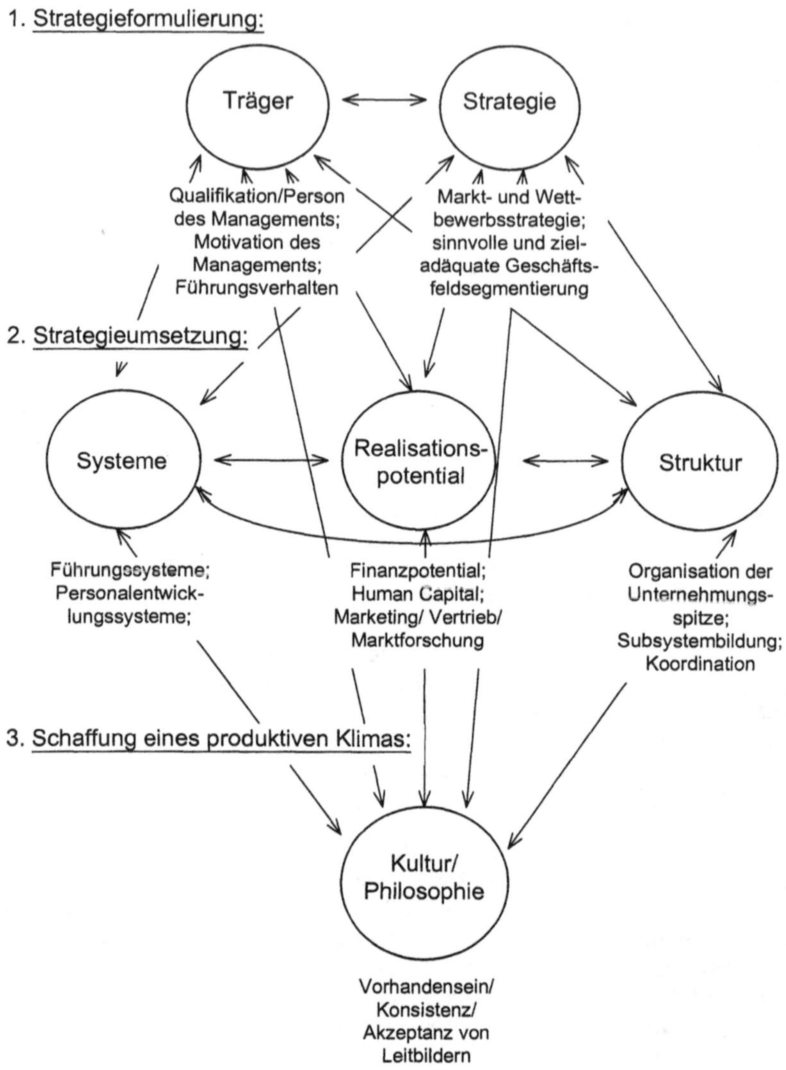

Abb. 5: Hierarchie von Erfolgssegmenten bei Kreditinstituten. In Anlehnung an das Analyseraster von KOMPASS. (KRÜGER 1988, S. 29 ff.)

a. Bankbetriebliche Zielsetzung

Ein bankbetriebliches Ziel definiert einen Zustand der Realität, der in der Zukunft liegt und der von den Entscheidungsträgern im Kreditinstitut angestrebt wird. Zielentscheidungen ermöglichen die Steuerungs- und Regelungsprozesse im System Bankbetrieb: Ziele steuern einerseits das Handeln innerhalb des Systems und das Verhalten nach außen; andererseits werden Zielentscheidungen laufend kontrolliert, gegebenenfalls auf ihre Plausibilität und Realisierbarkeit hin überprüft, sie regeln letztendlich sämtliche im System ablaufende Prozesse. Ziele stehen nicht zusammenhangslos nebeneinander, sondern können als multivariables Zielsystem aufgefaßt werden (vgl. BÜSCHGEN 1995, S. 79 ff.; EILENBERGER 1975, S. 70 ff.; HAUSCHILDT 1981, S. 3; VON STEIN/KERSTIEN/GÄRTNER 1993, S. 769 f.).

α. Mehrdimensionalität der Bankziele

In der traditionellen Bankbetriebslehre finden sich als bankbetriebliche Ziele Rentabilität, Sicherheit und Liquidität (vgl. REISACH 1994, S. 55 f.). Sicherheit und Liquidität zählen jedoch nach der neueren Auffassung zusammen mit der Legalität zu den den Zielen beigeordneten, strengen Nebenbedingungen (vgl. HAUSCHILDT 1981, S. 4). Diese Nebenbedingungen bleiben daher in diesem Abschnitt von der Betrachtung ausgeschlossen und bilden einen eigenen Untersuchungspunkt (vgl. 1.B.II.a.β.).

BÜSCHGEN versucht in einem Ansatz, Bankunternehmungsziele nach wesentlichen Dimensionen zu zerlegen. Abbildung 6 veranschaulicht die dabei ermittelten Dimensionen Zielobjekt, Zielgebiet, Zielperiode und Zielausmaß. In diese Untergliederung können sämtliche in der traditionellen und deutschsprachigen bankbetriebswirtschaftlichen Literatur aufgeführten Ziele eingeordnet werden (vgl. auch BEA 1990, S. 306). Da sich die folgende Untersuchung überwiegend auf qualitative Aspekte beschränkt, bleiben eher quantitative Unternehmungsziele, beispielsweise Marktwert, aufgrund von formalen Bedenken (vgl. 2.A.) von der Betrachtung ausgeschlossen.

Das **Zielobjekt**, auch als Zielinhalt bezeichnet, setzt sich aus den Elementen Leistung, Erfolg und Volumen zusammen. Das Erfolgskriterium ist das wohl am häufigsten genannte erwerbswirtschaftliche Ziel, ausgedrückt durch monetäre Kenngrößen der Wirtschaftlichkeit: Rentabilität und Gewinn, der sich aus Kosten und Erlösen zusammensetzt (vgl. u.a. SÜCHTING 1992, S. 313 ff.; WILLKENS 1974, S. 81 ff.). Weiterhin stehen Volumenziele im Vordergrund wirtschaftlichen Handelns. Darin eingeschlossen sind der Marktanteil und das Geschäftsvolumen, wobei der relative Anteil des Geschäftsvolumens am gesamten Geschäftsvolumen auf dem Markt für Bankleistungen als repräsentative Größe für den Marktanteil steht und dem jeweiligen Bankbetrieb einen Überblick über die eigene Marktposition erlaubt (vgl. SAUER 1974, S. 60). Schließlich zählt auch bankbetriebliche Leistung zu den Zielinhalten: Darin eingeschlossen sind einerseits das den Kunden angebotene Leistungsprogramm sowie andererseits innerbetriebliche Leistungen wie z.B. Unterstützungs-, Informations- und Instandhaltungsfunktionen (vgl. EILENBERGER 1975, S. 78 f.).

Abb. 6: Dimensionen von Bank-Unternehmungszielen. In Anlehnung an: BÜSCHGEN 1981, S. 78 ff.

Das **Zielgebiet** schränkt den Wirkungsraum gesetzter Ziele ein. Diese können sich sowohl auf regionale, auf nationale als auch auf internationale Geschäftsgebiete beziehen. Für die Untersuchung des Bankmanagements in den neuen Bundesländern ist das regionale Kriterium von besonderem Interesse, da die speziellen Rahmenbedingungen im Untersuchungsgebiet berücksichtigt werden müssen. Regionale Spezialisierung soll erstens den Wirkungsbereich genau definieren, zweitens diesen überschneidungsfrei aufteilen und damit drittens die Berücksichtigung örtlicher Gegebenheiten erleichtern (vgl. HAUSCHILDT 1981, S. 6).

Hinzu kommt der **zeitliche Aspekt**, die Geltungsdauer der festgelegten Ziele. I.d.R. sind diese langfristig ausgerichtet, sie können aber in Abhängigkeit von ihrer hierarchischen Position, d.h. von den gesetzten Präferenzen, auch einem kurz- und mittelfristigen Zeithorizont unterliegen. Das **Zielausmaß** wird wegen der leichteren Operationalisierung eher quantitativ gemessen. Absolute Werte zeigen den jeweiligen Zuwachs, d.h. das Wachstum, an; relative Größen hingegen erleichtern die Vergleichbarkeit. Doch auch qualitative Größen finden sich unter bankbetrieblichen Zielen wieder, insbesondere Aspekte wie Ansehen in der Öffentlichkeit, Qualität von Service und Leistung (vgl. POPP 1994, S. 12f.).

Bankbetriebliche Ziele sind in ihrer Vielfalt und Komplexität nur schwer erfaßbar. Zudem stehen sie nicht unbedingt nebeneinander. Sie bedingen bzw. behindern sich gegenseitig und sollten daher mit **Prioritäten** versehen werden. Ganz besonders wird dies deutlich, wenn das Ziel Gewinnmaximum der Nebenbedingung Liquidität gegenübergestellt wird: Diese beiden Ziele wirken konfliktär (vgl. SÜCHTING 1992, S. 315).

β. Nebenbedingungen Legalität, Liquidität und Bonität

Bankbetriebliche Nebenbedingungen sind Normen, die jederzeit eingehalten werden müssen, um die Existenz des Bankbetriebs zu keiner Zeit situativ und strukturell zu gefährden (vgl. HAUSCHILDT 1974, S. 307). Legale Vorschriften werden vom Gesetzgeber zum Schutz der Allgemeinheit sowie zur Gewährleistung eines funktionierenden, wirtschaftlichen Bankwesens erlassen. Aufgrund der Abstraktheit und Vertrauensempfindlichkeit von Bankleistungen tragen Bankbetriebe gesamtwirtschaftliche Verantwortung. Die gesetzlichen Regelungen beinhalten im Kern die Gewährleistung der jederzeitigen Zahlungsmittelbereitschaft und Schuldendeckungsfähigkeit (vgl. VON STEIN/KERSTIEN/GÄRTNER 1993, S. 777).

Liquidität ist für Bankbetriebe, ebenso wie für alle wirtschaftenden Unternehmungen, unabdingbare Voraussetzung. Nur dadurch können marktpolitische Ziele verfolgt und Marktchancen genutzt werden (vgl. WILKENS 1974, S. 114). Sicherheit und damit Risikomanagement sind notwendig, um Risiken zu identifizieren, abzuschätzen, zu bewerten und ihnen letztendlich antizipativ zu begegnen. Die bankbetrieblichen Nebenbedingungen nehmen somit unbedingten Einfluß auf die Festlegung von Zielen im Kreditinstitut.

χ. Rechtsformbedingte Bankbetriebsziele

Die Zielsetzung im Bankbetrieb ist letztendlich auch abhängig von der jeweiligen Rechtsform. Private **Kreditbanken** sind vorwiegend erwerbswirtschaftlich orientiert, die Zielsetzung liegt überwiegend im Streben nach Rentabilität. Konjunkturelle Entwicklungen werden schnell als Anlaß genommen, das Auftreten am Markt entsprechend zu überdenken (vgl. SAUER 1974, S. 52). Aktienrechtliche Kreditbanken fixieren zudem die Zielsetzung sowie Art und Umfang der Geschäftstätigkeit in ihrer Satzung.

Die grundsätzliche Leitidee des deutschen Genossenschaftswesens stellt der Förderungsauftrag dar: Die Geschäftstätigkeit der **Genossenschaftsbanken** zielt auf die wirtschaftliche Förderung ihrer jeweiligen Mitglieder ab (vgl. ASCHHOFF/HENNINGSEN 1995, S. 147). Streben nach Gewinn, Ausdehnung des Marktanteils und Steigerung des Eigenkapitals stellen daher, vergleichbar mit den privaten Kreditbanken, die vordergründigen bankbetrieblichen Ziele dar. Anzumerken ist jedoch, daß die Genossenschaftsbanken hinsichtlich der Bildung von haftendem Eigenkapital in erster Linie auf die Erbringung durch die Genossen angewiesen sind (vgl. EILENBERGER 1996, S. 129). Die Mitglieder der Genossenschaft sind somit Eigentümer und i.d.R. auch Kunden des Instituts. Dieses Identitätsprinzip unterstreicht den Förderungsauftrag und verdeutlicht die Grundidee von Kreditgenossenschaften. Der dritte wesentliche Grundsatz spiegelt sich im Demokratieprinzip wider, denn die Mitgliedschaftsrechte stehen jedem Genossen in gleichem Umfang zu, unabhängig von der Höhe der Kapitalbeteiligung. Schließlich soll die Willensbildung von unten nach oben verlaufen, die Interessen aller Mitglieder in möglichst großem Umfang berücksichtigen und somit die Förderung der Genossen unterstützen (vgl. ASCHHOFF/HENNINGSEN 1995, S. 148 ff.).

Sparkassen sind öffentlich-rechtliche Kreditinstitute und unterliegen einem öffentlichen Auftrag. „Er stellt den Sparkassen die allgemeine Aufgabe, als Kreditinstitut den wirtschaftlichen und sozialen Fortschritt der Arbeitnehmer und des selbständigen Mittelstandes in jeder geeigneten Weise unmittelbar zu fördern sowie die Aufgaben der Kommunen oder anderer öffentlich-rechtlicher Körperschaften direkt zu unterstützen.“ (GÜDE 1989, S. 21 f.) Zudem bilden Sparkassen ein Gegengewicht zu den privaten Kreditbanken und stützen somit den gleichgewichtigen, freien Wettbewerb der Kreditinstitute. Sparkassen sind zudem gemeinnützig, d.h. am öffentlichen Wohl und an der volkswirtschaftlichen Bedarfsdeckung ausgerichtet (vgl. HAUSCHILDT 1974, S. 307). In diesem Zusammenhang ist auch die Erzielung von Gewinnen zu sehen: diese sind als Unterziel insofern gerechtfertigt, da faktisch nur durch Selbstfinanzierung, d.h. durch Gewinnthesaurierung, Eigenkapital gebildet, somit die Geschäftstätigkeit ausgedehnt und damit dem Gemeinnützigkeitsprinzip besser entsprochen werden kann. Entsprechend der kommunalen Gewährträgerschaft durch Gebietskörperschaften ist das Geschäftsgebiet einer Sparkasse an das Gebiet des Gewährträgers gebunden (Regionalprinzip). Schließlich wird die Geschäftstätigkeit der Banken durch die überregionale Kooperation mit Verbänden und Girozentralen, die subsidiare Aufgaben übernehmen, die von den einzelnen Sparkassen nicht allein wahrgenommen werden können, unterstützt. (Zu den Aufgaben des Sparkassenverbundes vgl. GEIGER 1992.)

b. Formulierung bankbetrieblicher Strategien

Die strategische Bankplanung hat im wesentlichen zwei Aufgaben zu erfüllen: erstens die Analyse von Erfolgsquellen und zweitens darauf basierend die Entwicklung langfristiger Strategien mit dem Zweck, die gesetzten bankbetrieblichen Ziele bestmöglich zu erreichen. Strategische Planung läuft in vier verschiedenen Phasen ab: In der Phase der Zielbildung, der strategischen Analyse, der Strategieformulierung und der Strategieumsetzung (vgl. auch PÜMPIN 1992, S. 17). Grundlage für die strategische Orientierung von Bankmanagementaktivitäten bildet eine verbindliche Zielsetzung. Aus den vom jeweiligen Kreditinstitut als wichtig und vorrangig eingeschätzten Zielen werden Strategien abgeleitet. Bei der Festlegung von Strategien zu berücksichtigende Determinanten bilden die Bereiche Umwelt (vgl. 1.B.IV.), Organisation (vgl. 1.B.II.c.), Ressourcen (humane Ressourcen vgl. 1.B.III.) und Technologie. Dabei wird zunächst der Ist-Zustand des Systems Bankbetrieb und seines relevanten Umfeldes ermittelt, um mit Hilfe von Prognosen ein Bild der Umfeldveränderungen und deren Einfluß auf die Geschäftspolitik zu gewinnen und diese schließlich hinsichtlich der Erreichung der gesteckten Ziele zu antizipieren (vgl. RUDOLPH 1986, S. 111 ff.).

Die Erkenntnisse aus den ersten beiden Phasen bilden den Ausgangspunkt für die Phase der **Strategieformulierung**. Damit erfolgt die Weichenstellung für die langfristige Entwicklung des jeweiligen Kreditinstitutes, verschiedene Alternativen zur Umsetzung der gesteckten bankbetrieblichen Ziele werden aufgestellt, auf ihre interne Durchführbarkeit und Konsistenz geprüft sowie hinsichtlich ihrer Eignung bewertet. Letztendlich wird die strategische Alternative ausgewählt, die die Zielerreichung am besten fördert. Daraufhin folgt eine sukzessive Umsetzung der strategischen Vorgaben in operatives Verhalten in der betreffenden Bank (vgl. BÜSCHGEN 1995, S. 23; zur Einordnung des strategischen Managements vgl. EILENBERGER 1996, S. 542 f.).

HINTSCH konkretisiert in einer Untersuchung der Geschäftsfeldsteuerung in Kreditinstituten die Anforderungen an eine Gesamtbankstrategie: Strategien orientieren sich an den eigenen Stärken und versuchen, Schwächen zu umgehen. Strategien müssen flexibel bleiben, um Veränderungen begegnen zu können, damit verbunden ist ein innovativer Charakter. Strategische Kernaussagen sind einfach, klar und verständlich formuliert, um dadurch eine Diskussion der Vorgaben in der Unternehmung zu erleichtern und schließlich motivierend auf die am System Bankbetrieb Beteiligten zu wirken (vgl. HINTSCH 1984, S. 120 ff.).

c. Strategieumsetzung in der bankbetrieblichen Organisation

In 1962 von CHANDLER veröffentlichten Fallstudien wird erstmals die Überlegung aufgeworfen, den Zusammenhang zwischen Strategie und Organisationsstruktur in Unternehmungen zu untersuchen. Veränderungen treten zumeist erst in der Unternehmungsstrategie bzw. in der betrieblichen Zielsetzung auf und bewirken damit eine angleichende Variation der Organisationsstruktur in der Unternehmung: „Structure Follows Strategy" (vgl. CHANDLER 1962). Spätere Untersuchungen bestätigen diesen Zusammenhang in der Weise, daß Strategie, Organisationsstruktur, Situationsbedingungen und Managementaktivitäten in wechselseitigem Zusammenhang stehen (Diskussion der Untersuchungen vgl. KREIKEBAUM 1987a, S. 113 ff.). Da sich die folgende Untersuchung nicht mit dem Beitrag einer bankbetrieblichen Organisation zum Managementerfolg auseinandersetzt, sei an dieser Stelle nur kurz auf die organisatorischen Gestaltungsalternativen verwiesen.

Der bankbetrieblichen Organisation erwachsen die Aufgaben, die strategischen Zielvorgaben durch entsprechende Strukturierung der Geschäfts- und Funktionsbereiche zu realisieren. Darin inbegriffen ist die Gestaltung des Vertriebs von Bankleistungen, das Bereithalten funktionsfähiger, banktechnischer Ausstattung sowie die Steuerung und Kontrolle des Bankbetriebs auf allen Ebenen (vgl. PUCHTA 1977, S. 55). Die Strukturierung von Bankbetrieben erfolgt in klassischer Weise nach der Ablauf- und Aufbauorganisation (vgl. EILENBERGER 1996, S. 557; HAUSCHILDT 1970, S. 3 ff.; KILGUS 1985, S. 136 f.; SÜCHTING 1992, S. 19 f.). Die Aufbauorganisation ist dabei auf die Erfüllung spezieller Aufgaben ausgerichtet und bildet den statischen, strukturellen Aspekt der Organisation. Die Ablauforganisation hingegen orientiert sich an der raumzeitlichen Prozeßstrukturierung, den sich vollziehenden Arbeitsprozessen, und ist daher durch dynamische Aspekte gekennzeichnet.

Aufgrund der Zugehörigkeit von Kreditinstituten zum Sektor der Dienstleistungsbetriebe und nicht zuletzt wegen der Besonderheit bankbetrieblicher Leistung sind Organisationsmodelle aus dem industriellen Bereich nur bedingt übertragbar (vgl. BÜSCHGEN 1995, S. 295 f.). Dennoch verbleiben für die Gestaltung der Organisation die Prinzipien Verrichtung, Objekt oder eine Synthese daraus. Während sich das Verrichtungsprinzip an funktionalen Aspekten orientiert, wird eine Unternehmung nach dem Objektprinzip hinsichtlich divisionaler bzw. spartenorientierter Aspekte gegliedert. Die Matrixorganisation ist ein synthetisches Produkt aus beiden Prinzipien, indem diese überlagert werden (vgl. EILENBERGER 1996, S. 557 ff.). SÜCHTING nennt speziell für die bankbetriebliche Organisation die Regional- und die Kundengruppenorientierung als geeignete Gliederungsaspekte (vgl. SÜCHTING 1992, S. 17 ff.). Während eine regionale Organisation durch die spezielle Berücksichtigung struktureller Besonderheiten die Marktbearbeitung im jeweiligen Marktgebiet erleichtert (vgl. 1.B.IV.), setzt eine kundengruppenorientierte Organisation direkt an den Zielgruppen an. (Einen Überblick über verschiedene bankbetriebliche Organigramme gibt MIKETTA 1986, S. 162 f.; zur Bankorganisation vgl. VON STEIN/TERRAHE 1991.)

Die für einen Bankbetrieb festgelegte Organisationsstruktur gibt der Führung einen bestimmten Handlungsrahmen vor (vgl. HAHN 1990, S. 401 ff.). Dennoch bleibt der Gegenstand der bankbetrieblichen Führung komplex und bildet den Untersuchungsgegenstand des folgenden Abschnitts.

III. Bankbetriebliche Führung

In Anlehnung an die Abgrenzung des Managementbegriffs (vgl. 1.B.I.) unterscheiden ULRICH und FLURI Führung nach interpersonellen und strukturellen Aspekten (vgl. ULRICH/FLURI 1995, S. 225 u. Abbildung 4). Der interpersonellen Führung obliegt die Vereinbarung von Aufgabenzielen mit den teilweise konträren Mitarbeiterzielen. Die Art der entsprechenden Verhaltensbeeinflussung seitens des Vorgesetzten wird durch die Beschreibung von Führungsstilen ausgedrückt. Der organisatorische Aspekt beschreibt hingegen die institutionalisierte Form der Zusammenarbeit und Konfliktbewältigung. Durch die Fixierung mittels Abfassung von Führungsrichtlinien wird schließlich versucht, Führungsstil und Führungstechniken in Einklang zu bringen. „Meist wird ein partizipativer Führungsstil mit bestimmten Koordinationsmechanismen kombiniert. Die bisher bedeutendste Führungstechnik ist das Management by Objectives". (ULRICH/FLURI 1995, S. 244; vgl. 1.B.III.b.)

Aus systemtheoretischer Sicht kann der Begriff Führung als **Steuerung und Regelung von soziotechnischen Systemen beschrieben** werden. ULRICH präzisiert die Vorstellung zu einem *„integrierten Unternehmungsführungs-Konzept"* (ULRICH/KRIEG 1987, S. 625), das sich aus den Komponenten Unternehmungsleitbild, Unternehmungskonzept und Führungskonzept zusammensetzen läßt. Das Unternehmungsleitbild kennzeichnet die Vorstellungen über den Unternehmungszweck (zum Wesen von Leitbildern vgl. 1.B.III.b.β.), das Unternehmungskonzept präzisiert die Leitvorstellungen und bereitet die Umsetzung in anwendbare Entscheidungs- und Verhaltensregeln vor. Das Führungskonzept bestimmt schließlich die Führungsinstrumente (s.o.). Die Systemanalyse eignet sich dabei zur Unterstützung komplexer Führungsentscheidungen im Bankbetrieb. Insgesamt konzentriert sich dieser Ansatz auf die Steuerung des Gesamtsystems.

ULRICH und KRIEG betrachten die Unternehmung jedoch auch als interpersonelles System, d.h. die soziale Dimension kommt in Form des Interaktionsprozesses zwischen Menschen sowie zwischen der Unternehmung und ihrer Umwelt zum Ausdruck. Die bankbetrieblichen Führungstätigkeiten und Ausführungsoperationen können somit als Rückkopplungsprozesse in einem System hierarchisch vernetzter, zueinander in Relation gesetzter Regelkreise verstanden werden (vgl. EILENBERGER 1975, S. 68; ULRICH/KRIEG 1987, S. 625; WUNDERER 1993, S. 5).

a. Führungstheorien

Zur Erklärung, Beschreibung und Vorhersage von Bedingungen, Strukturen, Prozessen und Konsequenzen von Organisationen hat die betriebswirtschaftliche Forschung Führungstheorien entwickelt. Dabei werden grundsätzlich ein eigenschaftstheoretischer, verhaltenstheoretischer und situationstheoretischer Ansatz unterschieden (vgl. BEA/DICHTL/SCHWEITZER 1991, S. 3 f.).

Das Forschungsinteresse der **Eigenschaftstheorie**, dem Trait Approach, gilt primär bestimmten physischen, psychischen sowie personalen Eigenschaften. Sie entspricht traditionellen Denkmustern, gestaltet sich einfach und einleuchtend, ist jedoch nicht unproblematisch. Grundproblem ist die Isolierung individueller Leistungen als Erfolgsfaktoren. Sie erlaubt jedoch die Auswahl und Präferierung von Führungskräften, legitimiert die Berufung von Personen aufgrund augenscheinlicher Eigenschaften, rechtfertigt damit ein Festhalten an Personen und sichert letztlich Herrschaftspositionen (vgl. WUNDERER/GRUNWALD 1980, S. 128). Die isolierte Betrachtung von Eigenschaften birgt zudem das Problem, von der Wissenschaft so nicht erfaßt und gemessen werden zu können. Zudem hängt Erfolg von einer Reihe weiterer Faktoren ab, z.B. von der jeweiligen Situation. Insgesamt wird somit die Person der Führungskraft überbewertet (vgl. HENTZE/BROSE 1990, S. 115).

Daraus ergibt sich die Weiterentwicklung des Ansatzes zur **Verhaltenstheorie**, dem Behavioral Approach (vgl. MEIER 1995, S. 76). Der verhaltenstheoretische Ansatz untersucht die Führer-Geführten-Beziehungen. Die Ergebnisse der Verhaltenswissenschaft, insbesondere der Psychologie, der Soziologie und der Pädagogik, nehmen dabei besonderen Einfluß auf die Analyse von Führungsbeziehungen, können jedoch nicht unkritisch auf wirtschaftende Organisationen übertragen werden (vgl. WUNDERER 1993, S. 13). Die Ausgestaltung von Führungsbeziehungen ist hauptsächlich durch den jeweiligen Führungsstil gekennzeichnet. „Kriterien für die Unterscheidung der Führungsstile sind das Ausmaß der Zuordnung von Aktivitäten der Führer und Mitarbeiter und der Grad der Einbeziehung der Mitarbeiter im Prozeß der Entscheidung und der Willensdurchsetzung." (HENTZE/BROSE 1990, S. 105) Sind die Aktivitäten einseitig beim Führer gelagert, liegt ein autoritärer Führungsstil vor, sind sie gleichberechtigt gestaltet, werden die Mitarbeiter kooperativ in Entscheidungen eingebunden. Abbildung 7 gibt einen Überblick über die wesentlichen Ausprägungen von Führungsstilen und deren elementare Kennzeichnung. Der Führungsstil einer Unternehmung beschreibt somit sämtliche Verhaltensweisen und Regelungen im Rahmen eines Führungskonzeptes.

Die dargelegten Konzepte sind weitgehend unvollständig und in ihrer Form so nicht auf Unternehmungen übertragbar, da der Einfluß der Unternehmungsumwelt auf den betrieblichen Erfolg unberücksichtigt bleibt. Die **Situationstheorie**, Situational oder Contingency Approach, berücksichtigt sämtliche Veränderungen wirtschaftlicher, politisch-rechtlicher und gesellschaftlicher Dimensionen in der relevanten Umwelt und richtet den Einsatz der Führungsinstrumente darauf aus. WUNDERER und GRUNWALD kennzeichnen Situationen durch fünf Elemente: (vgl. WUNDERER/GRUNWALD 1980, S. 135)

Führungsstil / Elemente	Autoritär	Patriarchalisch	Pädagogisch	Kooperativ
1. Stellung der Mitarbeiter	nur ein Mittel	wichtigstes Mittel	Wertträger	Partner
2. Mitarbeiterinteressen beachtet	keine	nach Einschätzung der Vorgesetzten	Verpflichtung	Anrecht
3. Betriebsklima	interessiert nicht	Voraussetzung für Erfolg	zwingende Randbedingung	den Leistungszielen gleichwertig
4. Ziele setzen	durch Vorgesetzten	mit Begründung vorgeben	nach Anhörung der Mitarbeiter durch Vorgesetzten	gemeinsam
5. Höhe der Anforderungen	niedrig	dem Leistungsvermögen angepaßt	mit Entwicklung der Mitarbeiter steigend	hoch
6. Entscheidungskompetenz	keine	Aufgabenbezogen	grundsätzlich definiert	autonom zielorientiert
7. Kontrolle	permanent	stichprobenartig	ergebnis- und lernorientiert	Selbstkontrolle
8. Zielerreichung	notfalls durch Zwang	durch Überzeugung	im Einvernehmen	freie Aufgabenerfüllung
9. Informelle Beziehungen	unerwünscht und unterdrückt	toleriert, wenn keine Beeinträchtigung der Arbeit	akzeptiert und als Faktor berücksichtigt	begrüßt und genutzt
10. Konflikthandhabung	Unterdrückung	gerechte Schlichtung durch Vorgesetzten	Bearbeitung soweit störend	Lösung und Nutzung für Planungs- und Organisationseinheit

Abb. 7: Führungsstile und deren Ausprägung. Quelle: KARRER 1986, S. 267.

- Gruppenmitglieder mit ihren Fähigkeiten, Erwartungen und Ansprüchen,
- die Aufgabenstellung der Gruppe, insbesondere die Zielsetzung,
- externe Einflüsse auf die Gruppe,
- die Art der Gruppenstruktur und
- geltende Gruppennormen.

Führung ist demnach dann erfolgreich, wenn es dem Führer gelingt, Aufgabe, Situation und Gruppe zu analysieren und sein Führungsverhalten den Umständen entsprechend zielfördernd anzupassen. (Vgl. auch MACHARZINA 1977)

b. Führungskonzepte

Führung gestaltet sich als Interaktion zwischen Eigenschaften und situativen Gegebenheiten. Die Persönlichkeitsstruktur von Führer und Geführten, die Struktur und Funktion der Gruppe sowie die jeweilige spezifische Situation sind Elemente dieses komplexen, kaum in seiner Gesamtheit erfaßbaren Interaktionsansatzes (vgl. HENTZE/BROSE 1990, S. 166). Aufbauend auf den oben angeführten Führungstheorien hat die betriebliche Forschung verschiedene Modelle, auch als Führungskonzepte bezeichnet, entwickelt.

Führungsmodelle sind Systeme, die theoretische und instrumentale Aussagen über Struktur und Funktion zielgerichteter, betrieblicher Prozesse treffen. D.h. „ihnen liegt das Bestreben zugrunde, durch eine systematische Ordnung der Verfahrens-, Aktions- und Verhaltensweisen die Leistungsfähigkeit aller in der Unternehmung wirkenden Kräfte zu optimieren." (HENTZE/BROSE 1990, S. 226) Führungsmodelle bestehen aus der Zielfunktion und einer Reihe von Nebenbedingungen. Sie unterscheiden sich nach dem Umfang ihrer Einsatzmöglichkeiten in Partial- und Totalmodelle. Zu den Führungsmodellen für Gesamtsysteme zählen beispielsweise das Harzburger Modell und das St. Galler Führungsmodell. Auf die Gestaltung der einzelnen Modelle soll jedoch an dieser Stelle nicht eingegangen werden. (Zu Führungsmodellen und deren Konzeption vgl. HENTZE/BROSE 1990, S. 193 ff. und WUNDERER/GRUNWALD 1980, S. 285 ff.)

α. Das Führungskonzept Management by Objectives

In Ergänzung zum St. Galler Führungsmodell kann das Totalmodell des Management by Objectives (MbO) betrachtet werden. Dieser Ansatz unterstützt die Auffassung des systemorientierten Bankbegriffs, die Unterteilung von Bankmanagement in Subsysteme sowie die Orientierung an bankbetrieblichen Zielen. In der betriebswirtschaftlichen Literatur existieren eine Vielzahl von Ausführungen über das Führungskonzept Management by Objectives, die sich grob in verhaltenswissenschaftliche und pragmatisch ausgerichtete Ansätze unterscheiden lassen (vgl. HENTZE/BROSE 1990, S. 229; weitreichende Diskussion der Ansätze vgl. WUNDERER/GRUNWALD 1980, S. 306 ff.).

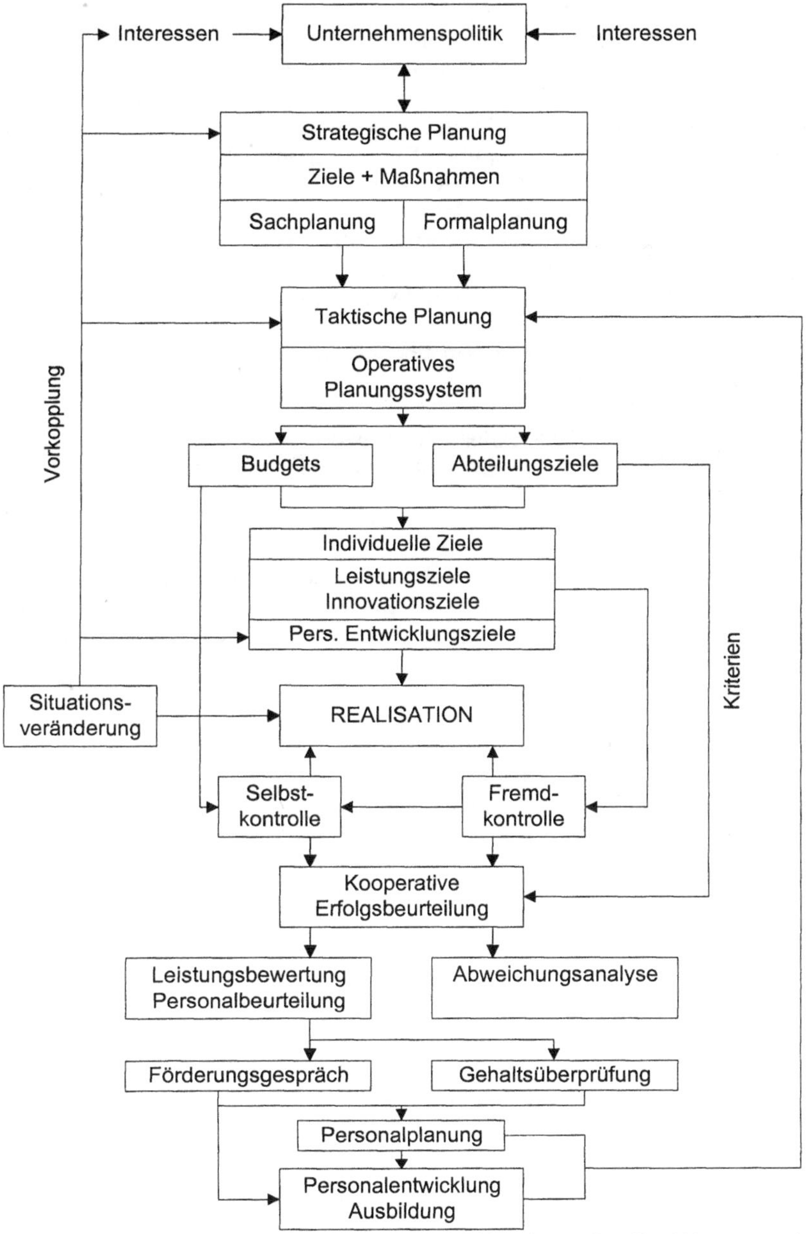

Abb. 8: Grundmodell des Management by Objectives. Quelle: WUNDERER/GRUNWALD 1980, S. 308;

Die verhaltenswissenschaftliche Betrachtung berücksichtigt die Belange der Mitarbeiter und stellt verstärkt Autonomie, Partizipation und Eigenkontrolle als Forderungen in den Vordergrund. Dagegen rückt die pragmatisch orientierte Betrachtung den Verlauf des Zielbildungsprozesses, die Abstimmung von Unternehmungs- und Mitarbeiterzielen sowie die Untersuchung geeigneter Kriterien für Zielvorgaben in den Mittelpunkt. Dabei lassen sich folgende Führungsstile unterscheiden: (vgl. WUNDERER/GRUNWALD 1980, S. 305)
- Management durch Zielvorgabe (autoritär),
- Management durch Zielvereinbarung (kooperativ) und
- Management durch Zielorientierung (neutral),
wobei in Kreditinstituten alle Alternativen denkbar sind.

Sämtlichen MbO-Ansätzen gemeinsam sind folgende fünf Grundprinzipien: (vgl. HENTZE/BROSE 1990, S. 229 f.)

1. Zielorientierung;
2. mehrstufiger Zielbildungsprozeß;
3. Delegation von Entscheidungsbefugnissen;
4. Partizipation;
5. Leistungsorientierung.

ad 1: Die Zielorientierung beinhaltet, daß im Mittelpunkt der Aufgabenerfüllung in der Unternehmung die betrieblichen **Ziele** stehen, nicht die Aufgaben an sich, da die zu erfüllenden Aufgaben aus den Zielen abgeleitet werden. (vgl. KILGUS 1985, S. 99).

ad 2: Der mehrstufige **Zielbildungsprozeß** veranschaulicht die schrittweise Konkretisierung von Zielen, d.h. angefangen bei der Definition bankbetrieblicher Oberziele über die Ableitung von Unterzielen bis hin zur Formulierung operationaler Ziele werden eindeutig verständliche, meß- und vergleichbare Vorgaben für das ausübende Verhalten der Mitarbeiter hergeleitet (vgl. WILLKENS 1974, S. 52). Abbildung 8 veranschaulicht den Prozeß von Zielbildung und Zielkontrolle im System Unternehmung, wobei jedes Element durch Vor- und / oder Rückkopplung mit dem anderen verbunden ist.

ad 3: Mit der Vorgabe konkreter Ziele wird jedem Mitarbeiter ein gewisser **Entscheidungsspielraum** überlassen. Für das System Bankbetrieb bedeutet das, Verhaltenskapazitäten, ausgedrückt durch Kenntnisse und Fertigkeiten der Mitarbeiter, sowie Verhaltenserwartungen, in Form von Werten und Normen, zur Erfüllung bankbetrieblicher Aufgaben zur Verfügung zu stellen (vgl. EILENBERGER 1975, S. 47). Eine entscheidende Rolle spielt dabei die Führungsinformation: „Grundsätzlich handelt es sich jedoch bei den Führungsinformationen weniger um Informationen über Einzelgeschäfte als um Informationen globaler Art mit komprimierten Angaben über die langfristige Entwicklung und die Gestaltungsmöglichkeiten der Gesamtbank, potentieller und effektiver Kundengruppen, Konkurrenten sowie sonstiger relevanter Umweltbeziehungen und Einflußfaktoren." (WILKENS 1974, S. 128 f.)

ad 4: Mit **Partizipation** verbunden ist die Hoffnung, bisher ungenutzte Fähigkeiten und schöpferische Kräfte freizusetzen. Darin ist die generelle Erhöhung der Handlungskompetenzen von Mitarbeitern als Element der Personalentwicklung inbegriffen. Personalentwicklungskonzepte umfassen die Bestandteile
- Zielbestimmung,
- Ermittlung des Entwicklungsbedarfs,
- Planung der Entwicklungsbedarfsdeckung, d.h. die sachlichen, personellen, zeitlichen und organisatorischen Bedingungen für die Umsetzung werden ermittelt, sowie
- Zielerreichungskontrolle

und dienen damit der Verwirklichung von Unternehmungszielen im Rahmen des MbO (vgl. MEIER 1995, S. 42). Hinsichtlich innovativer Mitarbeiterführung ergänzt LUKAS die Anforderungen an Personalentwicklungs-Konzepte in der Weise, daß „die vorhandenen Fähigkeiten aufzugreifen und ganzheitliches Denken im Überblick auch bei den Mitarbeitern zu fördern" sind (LUKAS 1995, S. 63). Konkret zeigt sich das in der Überlassung eines Verhandlungsspielraums für den einzelnen Bankmitarbeiter und der gleichzeitigen Förderung seiner Verhandlungsstärke.

ad 5: Mit der Leistungsorientierung schließlich kommt die **Kontrolle und Bewertung der Zielerreichung** im System Bankbetrieb zum Ausdruck.

Das Management-by-Objectives-Konzept bleibt nicht ganz ohne Kritik, insbesondere weil keine konkreten Aussagen über das Verhalten von Führungspersonen in praktischen Entscheidungssituationen getroffen werden. Für die Vermittlung bankbetrieblicher Ziele und Vorgaben eignen sich Leitbilder und Richtlinien, die den Gegenstand der weiteren Untersuchung bilden. Sie unterstützen den Informationsprozeß im Bankbetrieb maßgeblich und tragen damit zur Bankunternehmungsführung unterstützend bei.

β. Führung mittels Leitbilder und Richtlinien

REISACH hat in einer Untersuchung eine allgemein vorhandene Strukturierung von Leitbildaussagen ermittelt (vgl. REISACH 1994 und Abbildung 9). Ausgehend von der Nennung bankbetrieblicher Zielsetzungen werden die vom Leitbild zu erfüllenden Aufgaben konkretisiert. Daraufhin folgen Kernaussagen zur Markt- und Mitarbeiterorientierung im Bankbetrieb. Die Mitarbeiter einer Bank stellen gemeinhin den wichtigsten Produktionsfaktor dar (vgl. EILENBERGER 1996, S. 191). Daher kommt der Personalentwicklung besondere Bedeutung zu. Die Förderungsmaßnahmen werden mit Ausführungen zur Personalführung, Personalqualifizierung sowie zum Personaleinsatz konkretisiert. Innerbetriebliche Kommunikation und Zusammenarbeit werden zudem als Unterstützungsfunktionen definiert. Abschließend beinhalten Leitbilder noch Aussagen bezüglich der Öffentlichkeitsarbeit.

1.	Bankbetriebliche Oberziele
2.	Funktion des Leitbildes
3.	Kernaussagen zur Marktorientierung
4.	Kernaussagen zur Mitarbeiterorientierung
5.	Aussagen zur Personalführung und Zielvereinbarung a. Ermittlung der Mitarbeiterziele b. Sicherstellung der Zielerreichung c. Delegation d. Führungsstil
6.	Personalqualifizierung
7.	Personalförderung und Personaleinsatz
8.	Innerbetriebliche Kommunikation und Zusammenarbeit
9.	Öffentlichkeitsarbeit

Abb. 9: Strukturierung der Leitbildaussagen. Quelle: REISACH 1994, S. 43

Nach ULRICH stellen Unternehmungsleitbilder als Instrument der Unternehmungspolitik „ein widerspruchsfreies System von inhaltlich gehaltvollen Sätzen, durch welche das zukünftige Verhalten der Unternehmung allgemein charakterisiert wird" (ULRICH 1968, S. 327) dar. Leitbilder definieren die Unternehmungspolitik, beschreiben die Führungsbereiche Planung, Kontrolle, Organisation und Information und legen Vorgaben für das Mitarbeiterverhalten fest (vgl. auch ULRICH/FLURI 1995, S. 92 ff.).

Den allgemeinen Inhalt von Leitbildern stellt die **Unternehmungsphilosophie** dar, ausgedrückt durch Aussagen zur Zielsetzung, zu Wertvorstellungen, zu bankbetrieblichen und geschäftspolitischen Grundsätzen sowie zu Prinzipien der Geschäftstätigkeit. Die Betrachtungsperspektive verharrt dabei nicht am gegenwärtigen Zustand, sondern ist vielmehr zukunftsbezogen, d.h. Wandlungen innerhalb und im Umfeld des Bankbetriebs werden in den formulierten Vorstellungen antizipiert (vgl. BÜSCHGEN 1981, S. 65 f.; VON STEIN/KERSTIEN/ GÄRTNER 1993, S. 763 ff).

Im Leitbild sind auch die **Führungsaufgaben** verankert. Dabei wird das Planungssystem als eine der Zielbildung untergeordnete Lenkungsfunktion in einer Unternehmung beschrieben. Ein im Bankbetrieb eingeführtes Kontrollsystem erläutert den Zweck von finanziellem und betrieblichem Rechnungswesen. Die Vorstellung über die Gestaltung des Unternehmungsablaufs wird unter Berücksichtigung der organisatorischen Ausgestaltung beschrieben sowie die Notwendigkeit der Einhaltung, Unterstützung und Betrieb eines bankinternen Kommunikations- und Informationssystems verdeutlicht (vgl. KILGUS 1994, S. 17).

Bankunternehmungsleitbilder stellen für die Mitarbeiter somit ein Orientierungsinstrument dar. Sie setzen den **Orientierungsmaßstab** für die dezentralen Entscheidungsprozesse im Bankbetrieb. Handlungsprinzipien geben Anweisungen für ein selbständiges, eigenverantwortliches und situationsgerechtes Handeln des einzelnen Mitarbeiters im Bankbetrieb. REISACH faßt diese Aufgaben zusammen: „Es ist vielmehr Ausdruck einer Grundhaltung, die auch Leitlinie des täglichen betrieblichen Handelns bei kleinen wie großen Entscheidungen sein sollte." (REISACH 1994, S. 35; vgl. auch KRAFFT 1992, S. 39 f.)

Dem einzelnen Mitarbeiter liegt somit ein Maßnahmenkatalog mit standardisierten Ausführungsprogrammen zur Unterstützung von Routine-Entscheidungen vor. Neben der Übertragung von **Kompetenzen** sind dem Mitarbeiter Regelungen und Vorschriften bekannt, die die Entscheidungsfreiheit im einzelnen weiter eingrenzen. Aufgrund der nicht exakt prognostizierbaren Anforderung an die zur Verfügung zu stellende Kapazität eines Bankbetriebs und der Tatsache, daß Bankleistungen nicht lagerfähig sind, muß die bankwirtschaftliche Führung den Bereich Mitarbeiterressourcen vorausschauend planen. „Eine befriedigende Lösung dieses kompetitiv bedeutsamen Problems erscheint vor allem durch

- exakte Aufgabenformulierung für die Basissysteme (Stellenbeschreibung, Geschäftsanweisungen, Führungsleitsätze) und zweckmäßige Zuordnung der zur jeweiligen Aufgabenerfüllung geeignetsten konkreten sozialen Elemente und Sachmittel,
- geringe Spezialisierung der Basissysteme unter Berücksichtigung eines hohen Ausbildungsstandes der Basissysteme, um die Flexibilität zur Erfüllung unterschiedlicher Aufgaben in verschiedenen Funktionen zu gewährleisten,
- Steuerung des Einsatzes der Basissysteme in Ausrichtung an den Bedürfnissen der Nachfrager nach Bankmarktleistungen (Erhöhung der Flexibilität der bankbetrieblichen Organisation durch kundengerechte Anpassung der Betriebsbereitschaft)

möglich zu sein." (EILENBERGER 1975, S. 111)

Neben der Vorgabe von Regelungen und Richtlinien ist die Integration aller Mitarbeiter in den innerbetrieblichen, arbeitsplatzübergreifenden **Kommunikationsprozeß** unabdingbar. Nur der kontinuierliche Austausch von Informationen und Gedanken gewährleistet ein Verständnis seitens der Mitarbeiter für die Belange des gesamten Kreditinstituts, es ermöglicht die Identifikation mit dem Bankbetrieb, um letztlich eine Übereinstimmung von schriftlich fixiertem Unternehmungskonzept und dem ausführenden Handeln der Bankorgane zu bewirken (vgl. KILGUS 1985, S. 91; REISACH 1994, S. 170 ff.).

Die Initiative aller Mitarbeiter ist schließlich eine unabdingbare Voraussetzung zur Durchsetzung marktpolitischer Entscheidungen. Die Kundenorientierung im

Bankbetrieb läßt sich nur durch den Faktor Mitarbeiter umsetzen. Daher bildet der zieladäquate Einsatz des marktpolitischen Instrumentariums den zentralen Kernbaustein bankbetrieblicher Leitbilder (vgl. REISACH 1994, S. 204 ff.; WILLKENS 1974, 65 f.).

IV. Marktorientierung des Bankbetriebs

In Kreditinstituten fand die Marketingidee erst seit den achtziger Jahren als umfassendes Konzept der Unternehmungsführung Einzug (vgl. BÜSCHGEN 1995, S. 16 ff.). Primäres Interesse galt dabei zunächst dem Instrument der Marktforschung. Damit lösen sich die Banken zunehmend aus ihrer zurückhaltenden Position und erkennen die Chance, sich mit Hilfe des gezielten Einsatzes von Marketinginstrumenten gegenüber der Konkurrenz zu profilieren.

SÜCHTING unterteilt Bankmarketing in die Bereiche Marketing-Philosophie, Marketing-Mix und Marketing-Management (vgl. SÜCHTING 1992, S. 420). Dabei versteht er unter Marketing-Philosophie „eine an den Kundenbedürfnissen orientierte Grundeinstellung der Unternehmensleitung" (ebenda). Marketing-Management stellt dagegen „ein zielgerichtetes, planvoll-systematisches Vorgehen im absatzwirtschaftlichen Bereich" (ebenda) dar. Die durchdachte Konzeption von Zielen bildet neben der Festlegung des Leistungsangebots und des Leistungsraums eine wichtige Voraussetzung für systematisches Handeln auf dem Markt für Bankleistungen. Verbunden mit der Zielkonzeption ist die Auswahl der zu verfolgenden **Marktbearbeitungsstrategie**. (Diskussion und Würdigung verschiedener Ansätze vgl. MEFFERT 1994, S. 109 ff.)

Hinsichtlich der Besonderheit von Bankleistungen kommen insbesondere zwei Strategien in Betracht: die konzentrierte oder die differenzierte Marketingstrategie (vgl. SIEWERT 1983, S. 224 f.). Im Rahmen der konzentrierten Strategie strebt die einzelne Bank eine starke Stellung entweder auf einem Teilmarkt oder in Verbindung mit einem speziellen Dienstleistungsangebot an. „Bei Anwendung einer „differenzierten" Strategie sollen alle Marktsegmente durch unterschiedliche Leistungsarten und/oder Marketingprogramme erschlossen werden." (ebenda, S. 225; vgl. auch BÜSCHGEN 1993, S. 527; SCHMID 1995, S. 70) Im Banksektor findet dabei überwiegend die differenzierte Marketingstrategie, insbesondere bei den der Untersuchung zugrundegelegten Universalbanken, Anwendung.

Unter dem Marketingmix wird allgemein der gezielte Einsatz des absatzpolitischen Instrumentariums verstanden. Dabei ist für jedes Kreditinstitut „die Kenntnis der alternativen *Marketing-Instrumente* und die konzeptionelle Bestimmung ihres institutsspezifischen Einsatzes" (HAUSCHILDT 1981, S. 19) von Bedeutung. Aus den Zielen des Bankmarketings lassen sich sowohl strategische als auch operative Funktionen ableiten. Die strategische Funktion bezieht sich auf das Grundgefüge einer Bank, das im wesentlichen die Aufgabe der Pflege von Kundenbeziehungen durch langfristig konstante Leistung und Service umfaßt. Operativ muß jedes Kreditinstitut seine Geschäftstätigkeit an die kurzfristig schwankenden Marktkonstellationen anpassen (vgl. HAUSCHILDT 1974, S. 306 f.).

KOTLER und BLIEMEL, die Kreditinstitute der nicht produzierenden Erwerbswirtschaft zuordnen, unterteilen Dienstleistungsmarketing in externes, internes sowie interaktives Marketing (vgl. KOTLER/BLIEMEL 1995, S. 716). Diese Untersuchung schließt sich dieser Einteilung nicht in der Form an. Das **externe Marketing**, das zwischen Unternehmung und Kunden eingeordnet wird und im Grunde genommen auf den Einsatz des absatzpolitischen Instrumentariums abzielt, wird berücksichtigt (vgl. 1.B.IV.b.), ebenso wie das **interne Marketing**, das sich zwischen Unternehmung und Mitarbeitern abspielt. Hinsichtlich der Bedeutung, die der Motivation und Qualifikation von Mitarbeitern in Dienstleistungsunternehmungen zukommt, findet dieser wesentliche Bereich im Rahmen der Untersuchung bankbetrieblicher Führung Berücksichtigung (vgl. 1.B.III.).

Interaktives Marketing schließlich kennzeichnet die Beziehung zwischen Mitarbeiter und Kunde. „Die wahrgenommene **Dienstleistungsqualität** hängt stark von der Qualität der Interaktionen zwischen Dienstleistungsabnehmer und Dienstleistungskontaktpersonal ab." (KOTLER/BLIEMEL 1995, S. 717) Ausgehend vom Befragungskreis richtet sich die vorliegende Untersuchung primär an die bankbetriebliche Führung. Eine Betrachtung der Bankkunden unterbleibt und mit ihr auch eine Beurteilung von Dienstleistungsqualität.

Bevor der Einsatz absatzpolitischen Instrumentariums diskutiert werden kann, ist es notwendig, Informationen über den relevanten Markt zu beschaffen und damit mögliche Zielbereiche aufzudecken. Die Erfassung des differenzierten Marktbedarfs ist Aufgabe der Marktforschung.

a. Identifikation von Kundensegmenten im Rahmen der Marktforschung

„Marktforschung ist die systematisch betriebene Erforschung der Märkte (...), insbesondere der Analyse der Fähigkeit dieser Märkte, Umsätze hervorzubringen (...)." (MEFFERT 1986, S. 12) Grundlage marktpolitischer Entscheidungen bilden die systematische Beschaffung und Aufbereitung von Informationen über alle relevanten Umfeldbedingungen einerseits sowie eine genaue Analyse des relevanten Marktes und damit aller Marktteilnehmer andererseits. Dabei dienen explorative Analysen der groben Erfassung von Grundstrukturen, während deskriptive Analysen konkrete Sachverhalte aufzudecken suchen. Kausale Analysen werden im Hinblick auf deren Beitrag zu Prognosen betrieben (vgl. BÜSCHGEN 1995, S. 27 f.).

Der Marktforschung kommt im Rahmen der Informationsbeschaffung verschiedenartige Bedeutung zu. MEFFERT bezeichnet sechs Funktionen (vgl. MEFFERT 1986, S. 13):

1. Frühwarnung: Markttendenzen, wie beispielsweise das Eindringen von Non- und Nearbanks auf den Bankenmarkt oder Wandel im Kundenverhalten, sollen möglichst frühzeitig erkannt und berechnet werden (vgl. STERK 1996, S. 64).
2. Innovation: Entwicklungen, die Chancen beinhalten, z.B. die Entwicklung neuer Vertriebsformen, tragen zum Unternehmungserfolg bei, so lange sie frühzeitig antizipiert werden (ebenda).
3. Intelligenzverstärkung: Informationsbeschaffung im Rahmen der Marktforschung unterstützt den willensbildenden Prozeß im Rahmen der Entscheidungsfindung durch die bankbetriebliche Führung.
4. Unsicherheitsreduktion: Marktdaten müssen neben der erwarteten Rentabilität auch den Risikogehalt möglicher Geschäfte berücksichtigen sowie einer Beurteilung hinsichtlich institutseigener Stärken und Schwächen zur Objektivierung und Präzisierung von Sachverhalten standhalten (vgl. KRAFFT 1992, S. 49).
5. Strukturierung: Mit Hilfe der Marktinformationen können einerseits Strukturen und Potentiale des Marktes durchleuchtet sowie andererseits das Verständnis für bankbetriebliche Ziele im Institut gefördert werden (vgl. CRAMER 1991, S. 133).
6. Selektion: Aus der Menge an Informationen, die einer Bankunternehmung zur Verfügung stehen, sollen letztlich nur die Informationen ausgewählt und aufbereitet werden, die im Rahmen der gesetzten bankbetrieblichen Ziele für die entsprechende Geschäftstätigkeit relevant sind.

Für die Gewinnung relevanter Marktdaten stehen grundsätzlich zwei **Erhebungsmethoden** zur Verfügung: die Primärerhebung und die Sekundärerhebung (vgl. BLEYMÜLLER/GEHLERT/GÜLICHER 1994, S. 2; KOTLER/BLIEMEL 1995, S. 195). Unter Primärerhebung wird die eigenständige Datenerhebung einer Unternehmung verstanden. Als Erhebungsinstrumente stehen insbesondere Beobachtung, Befragung oder Experiment zur Verfügung.

Als Sekundärquellen stehen sowohl institutsinterne als auch externe Bezugsquellen zur Verfügung: Interne Informationen erstrecken sich über die innerbetrieblichen Parameter, die die Geschäftsprozesse beschreiben. Sie versuchen, die Absatzbemühungen zu bewerten. Diese stammen insbesondere aus dem Rechnungswesen, d.h. jedem Bankbetrieb stehen Zahlen aus der Gewinn- und Verlustrechnung der vergangenen Geschäftsjahre, Angaben aus der Kosten- und Leistungsrechnung, Umsatzstatistiken sowie ferner Daten über den bisherigen Kundenstamm zur Verfügung.

Externe Informationen sollen Wissen über Veränderungen im Markt sowie im Verhalten der Marktpartner vermitteln. Dazu gehören Daten über Volkswirtschaften, Branchen, Märkte und die Konkurrenz. Die relevanten Märkte sollen zudem hinsichtlich ihrer Potentiale, der möglichen Ausschöpfung sowie der Höhe der jeweiligen Marktanteile untersucht werden. Im Zusammenhang mit den Bedarfsstrukturen gilt es schließlich auch, die Wirkungsweise der einzelnen Marketinginstrumente zu erfassen. Zu den externen Datenquellen zählen Berichte von öffentlichen Stellen, insbesondere der Deutschen Bundesbank und der statistischen Ämter, von Wirtschaftsverbänden, aus der Wirtschaftspresse, Veröffentlichungen anderer Unternehmungen sowie Publikationen von Marktforschungsinstituten. (Vgl. CRAMER 1991, S. 121; KILGUS 1985, S. 157)

α. Anforderungen an die Marktinformationen

Der Zweck der Beschaffung von externen und internen Informationen liegt in der Gewinnung von entscheidungsrelevanten Daten, mit denen alle Subsysteme im Bankbetrieb versorgt werden. Die Qualität der Informationen sowie die Sorgfalt bei ihrer Auswertung bestimmen ihren Nutzen für die Unternehmung. Sie müssen daher **vollständig**, **richtig**, **aktuell** sowie **zweckbestimmt** aufbereitet sein. Einschränkend wirken jedoch zum einen die Kosten der Informationsgewinnung im Verhältnis zu deren Nutzen sowie zum anderen die Zeit, die zur Beschaffung notwendig ist und letztlich bis zur Entscheidungsfällung verbleibt. Ebenso bestehen Grenzen in den Bereichen, die in die Vertrauensempfindlichkeit von Bankprodukten eindringen (vgl. LOOS 1969, S. 34; SIEWERT 1983, S. 47 ff.; O.B.).

Zur Ermöglichung einer Beurteilung von Marktchancen sowie einer Bewertung der Marktbedürfnisse müssen Marktdaten den entsprechenden inhaltlichen Anforderungen gerecht werden. REGLI untersucht detailliert die Elemente eines Marketinginformationssystems, das sich im wesentlichen aus fünf Untersuchungsgegenständen zusammensetzt (vgl. REGLI 1985, S. 140; siehe auch BÜSCHGEN 1995, S. 57; WILKENING 1986, S. 447 f.):

1. Kundenanalyse: Im Rahmen der Analyse der Privatkundschaft interessieren insbesondere demographische Größen, z.B. Alter, Beruf, sozialer Status, Kaufkraft, Vermögen etc., sowie Bedürfnisse, Gewohnheiten und Einstellungen. Bei Firmenkunden sind insbesondere Angaben über Branche, Betriebsgröße, Rechtsform und Umsatz von Interesse.
2. Analyse der Bank: Hierbei bezieht sich der Informationsbedarf hauptsächlich auf die im Rahmen des Marketing relevanten Daten, d.h. Entwicklung der wichtigsten bilanziellen Größen, Angaben über den bisherigen Kundenstamm nach Kontoverbindungen sowie nach Inanspruchnahme von Bankleistungen.
3. Analyse der Einzugsgebiete von Niederlassungen und Hauptsitz: Diese Angaben gehen über die tatsächlichen Kunden hinaus und umfassen Informa-

tionen über potentielle Kunden sowie die regionale wirtschaftliche Situation und deren Prognose.
4. Analyse der Konkurrenz: Wesentlich für marketingpolitische Entscheidungen ist die Kenntnis über Mitbewerber im relevanten Markt. Da die internen Informationen der einzelnen Kreditinstitute nicht zugänglich sind, müssen Einschätzungen über die Verteilung der Marktanteile, der Stärken und Schwächen aller Anbieter sowie die Nutzung evtl. abweichender Dienstleistungsangebote ausreichen.
5. Analyse der Umwelt: Schließlich sollten noch Informationen über das den Marketingbereich tangierende Umsystem beschafft werden. Das sind insbesondere marktgegebene Daten wie z.B. Zinskonditionen, Spar- und Konsumentenverhalten.

β. Zielgerechte Marktsegmentierung

Basierend auf den Informationen, die jedes Kreditinstitut im Rahmen der Marktforschung gewonnen hat, ist es für die zielgerichtete geschäftspolitische Steuerung notwendig, diese stufenweise zur Eingrenzung des relevanten Marktes zu nutzen. Die **Bestimmung der Zielgruppen** dient als Voraussetzung für die Planung des zielgerichteten Einsatzes des absatzpolitischen Instrumentariums. Zu deren Identifikation stehen verschiedene Verfahren zur Verfügung, wie beispielsweise
- die ABC- und Profitabilitätsanalyse (vgl. SANDER 1989, S. 36 ff.),
- die Kundenpotentialanalyse (vgl. SACHENBACHER 1991, S. 9) sowie
- die Analyse der künftigen Kundenstruktur (vgl. SCHMID 1995, S. 70 ff.).

Die Definition von homogenen Zielbereichen legt somit die strategischen Geschäftsfelder fest. Im Sinne des psychologischen Marktmodells nach SPIEGEL (vgl. 0.B.) sind die Gruppen idealer Weise in sich homogen und eindeutig bestimmbar, organisatorisch eigenständig und im Markt voneinander unabhängig (vgl. BÜSCHGEN 1995, S. 73 f; EILENBERGER 1975, S. 95; KILGUS 1994, S. 25). Die Bildung von Zielgruppen muß jedoch die Parameter Kaufverhaltensrelevanz, zeitliche Stabilität, Wirtschaftlichkeit sowie Bezug zur Marktbearbeitung berücksichtigen (vgl. WÜNSCHE/SWOBODA 1994, S. 276).

Für eine Erfassung des Nutzens von Bankleistungen bzw. der Einstellung der Kunden gegenüber den Bankprodukten im Sinne von SPIEGEL sind die klassischen Kriterien Alter, Beruf, Wohnort, Einkommen und teilweise Haushaltsgröße (vgl. CRONE 1977, S. 48 ff.; LAAKMANN 1990, S. 12 f.; KILGUS 1985, S. 177; SAUER 1974, S. 62) jedoch ungeeignet. Erweiterte Konzepte orientieren sich zunehmend an **Bedarfsbündeln** bzw. an **verhaltensorientierten Ansätzen**. Dabei rücken Kriterien wie Einstellungen, Präferenzen, Motive, Lebensstile, Vorstellungen und Gewohnheiten in das Zentrum der Betrachtung. (vgl. CRAMER 1991, S. 124; PICOT/BÖHME 1996, S. 31; SCHMID 1995, S. 59 f.; WÜNSCHE/SWOBODA 1994, S. 276).

Auch wenn die Segmentierung aufgrund der Kenntnis des Kundenverhaltens gezielter vorgenommen werden kann, gibt es Probleme bezüglich der Operationalisierbarkeit. Einerseits sind weder Bedarf noch Verhalten und Einstellung im Zeitablauf konstant, andererseits lassen sich diese Daten auch nur schwer beobachten, erfassen und quantifizieren (vgl. BÜSCHGEN 1995, S. 100 ff.). Für eine typisierende Betrachtung sollten jedoch Ergebnisse aus dem Mikrozensus sowie aus häufiger durchgeführten und ggf. leichter zugänglichen Befragungen zum Käuferverhalten genutzt werden.

Die Segmentierung der **Firmenkunden** erscheint in Anlehnung an die bankbetriebliche Literatur noch weniger spezifisch: Die Unterteilung erfolgt insbesondere nach den Kriterien Branche, Betriebsgröße gemessen am Umsatz, Bilanzsumme oder Geschäftsvolumen bzw. anhand der Zahl der Mitarbeiter, und Regionen, teilweise auch nach einer Beurteilung des Managementverhaltens (vgl. KILGUS 1985, S. 177; SÜCHTING 1992, S. 426). Eine Untersuchung von PREISACH und SCHMEIDING hat jedoch ergeben, daß aufgrund einer anhand dieser Kriterien vorgenommenen Segmentierung „nur knapp 10 % aller als Geschäftskunden geführten Unternehmen tatsächlich „echte“ Firmenkunden“ waren (PREISACH/SCHMEIDING 1996, S. 320). Einen erweiterteren Ansatz zur Zielgruppenidentifikation und -segmentierung bietet WEINKAUF: Er betrachtet den Mittelstand als zentrale Zielgruppe, wiegt Familienunternehmen und Managerunternehmen gegeneinander ab und unterscheidet zwischen alten und jungen Firmen (vgl. WEINKAUF 1993, S. 395).

b. Beeinflussung der Nachfragebereitschaft durch den Einsatz absatzpolitischer Instrumente

Sind die Kundenzielgruppen auf Basis der gewonnenen Marktdaten identifiziert, kann das jeweilige Kreditinstitut den Einsatz und die Variation des absatzpolitischen Instrumentariums entsprechend planen. Das Bankmarketingmix setzt sich entsprechend den Besonderheiten von Bankleistungen aus den Komponenten

- Produkt- und Leistungsprogrammpolitik, wobei Bankleistungen i.d.R. ein Leistungsbündel darstellen,
- Preispolitik, deren Aktionsparameter traditionell beschränkt sind,
- Betriebsbereitschaft, d.h. die zeitliche Verfügbarkeit von Bankleistungen,
- Standort und Absatzmethode, denen im Rahmen der Erstellung von Bankleistungen besondere Bedeutung zukommt,
- Werbung und Public Relations (PR), die dem Zweck der Informationsübermittlung dienen,

zusammen (vgl. EILENBERGER 1975, S. 100 ff; SÜCHTING 1992, S. 433 ff.).

α. Bankbetriebliches Leistungsprogramm

Die von einer Bank erstellten Leistungen stellen nicht nur den Output des Instituts dar, sondern sind Mittel zur Erreichung der bankbetrieblichen Ziele (vgl. WILKENS 1974, S. 65). Bankleistungen können **Einzelleistungen** sein, aber auch aus **Leistungsbündeln** bestehen. § 1 I KWG beschreibt die typischen Bankgeschäfte (vgl. Legaldefinition o.B.). EILENBERGER differenziert Bankleistungen nach vier Haupttypen: **Kreditleistungen**, **Anlageleistungen**, **Zahlungsverkehrsleistungen** und **sonstige Leistungen** (vgl. EILENBERGER 1975, S. 41 ff.). Unter Kreditleistungen werden die Aktivgeschäfte, d.h. die Überlassung bzw. Vermittlung von Geld zur Nutzung gegen Entgelt, zusammengefaßt. Die Anlageleistungen umfassen das Passivgeschäft, also die Hereinnahme von Geldern zur Nutzung innerhalb unterschiedlicher Fristen gegen Entgelt (Sicht-, Termin- und Spareinlagen). „Zahlungsverkehrsleistungen als Bankmarktleistungen bestehen grundsätzlich in der Überbrückung der räumlichen und zeitlichen Distanz zwischen Vorrätigkeit und Bedarf des immateriellen Nominalgutes Geld entsprechend der Kundenbedürfnisse." (EILENBERGER 1996, S. 387)

Unter sonstige Bankleistungen fallen eine Vielzahl verschiedenartiger Leistungen, die von Kreditinstituten erbracht werden. Das sind einerseits außerbilanzielle Geschäfte, wie z.B. Effekten-, Depot-, Garantie- und Devisenhandelsgeschäfte, andererseits stehen einzelne Leistungen im Zusammenhang mit der Beratungsleistung der Banken. Schätzungen sagen eine Steigerung des Anteils an Bankmitarbeitern, die mit der Kundenberatung betraut sind, von 10 bis 15 % auf künftig bis zu 50 % voraus (vgl. MEIER 1995, S. 38). Daraus resultiert zukünftig eine Vielzahl von Mischarbeitsplätzen, die an die Mitarbeiter höhere Anforderungen hinsichtlich Flexibilität und Qualifikation stellt. Die Humankomponente bei der Erstellung von Bankleistungen verlangt somit vom Bankmitarbeiter „Kontaktfreudigkeit, Diskretion, Einfühlungsvermögen, Handlungskompetenz und natürlich die fachliche Qualifikation" (SÜCHTING 1996, S. 267; vgl. 1.B.III.).

Dabei kommt einzelnen, isolierten Dienstleistungen geringere Bedeutung zu als der Erstellung spezifischer, den Kundenwünschen entsprechenden Leistungsbündeln (vgl. KLOEPFER 1996, S. 17). Neben den Großbanken, Regional- und sonstigen Kreditbanken bieten heute auch die Sparkassen und Kreditgenossenschaften mit Unterstützung ihrer Verbände **Allfinanzleistungen** an. Mit der Angleichung des Dienstleistungsangebots intensiviert sich der Wettbewerb zwischen den Institutsgruppen und die Kundenstruktur nähert sich an (vgl. BÜSCHGEN 1995, S. 111). SÜCHTING verdeutlicht jedoch in einer Darstellung von Geschäftsprofilen, daß das Dienstleistungsangebot, dargestellt anhand der jeweiligen Bilanzen, bei den einzelnen Institutsgruppen unterschiedlich genutzt wird. Sparkassen und Kreditgenossenschaften halten hauptsächlich Spareinlagen und geben überwiegend Buchkredite und Darlehen an Nichtbanken mit einer Laufzeit von über einem Jahr aus. Großbanken erzielen ca. 25 % des

Geschäftsvolumens im Geschäft mit anderen Kreditinstituten sowie ca. 20 % aus Krediten mit einer Laufzeit von weniger als einem Jahr (vgl. SÜCHTING 1992, S. 222; zur Bilanzstruktur nach Institutsgruppen siehe auch Bankenstatistiken der Deutschen Bundesbank).

β. Preis- und Konditionenpolitik

Die bankbetriebliche Preispolitik ist durch das Ziel der Rentabilität des Geschäftsbetriebs, das in marktwirtschaftlichen Systemen von allen Instituten unabhängig von der jeweiligen Rechtsform angestrebt wird, sowie der Lenkung der Nachfrage determiniert. Die Gestaltung der Preise orientiert sich an den Kosten der Leistungserstellung sowie den Marktgegebenheiten und den Marktteilnehmern. Teilpreise basieren schließlich auf unterschiedlichen Bezugsbasen. Diese drücken sich in Zinsen, Gebühren, Ersatz für Spesen und Auslagen sowie in Provisionen für Bereitstellung, Kredite, Umsatz o.ä. aus. Dabei kann die Höhe der einzelnen Positionen durchaus verhandlungs- und bonitätsabhängig sein (vgl. BÜSCHGEN 1993, S. 538; SÜCHTING 1992, S. 448).

KRUPP nennt zwei für die Preisgestaltung wesentliche Grundsätze: Basic Customer Needs und Unique Selling Position (vgl. KRUPP 1993a, S. 78). Einerseits muß demnach unbedingt den grundlegenden Kundenbedürfnissen entsprochen werden, und andererseits muß sich das betreffende Institut mit seinem Angebot gegenüber der Konkurrenz auf einer hervorgehobenen Position behaupten. Allerdings ist der Handlungsspielraum der Preispolitik stark eingeschränkt und somit zur Differenzierung gegenüber den Wettbewerbern wenig geeignet (vgl. HAUSCHILDT 1981, S. 30; 1.A.I.b.).

χ. Betriebsbereitschaft

Aufgrund der Eigenschaften von Bankleistungen ist die Betriebsbereitschaft, also der Zeitrahmen, innerhalb dessen ein Bankkunde Leistungen in Anspruch nehmen kann, von besonderer Bedeutung. Denn Bankleistungen sind einerseits **nicht lagerbar**, erfordern andererseits aber auch **keine Lieferzeiten**. Die Gestaltung von Schalteröffnungszeiten sollte auch eine gleichmäßigere Nutzung der Ressourcen zum Ziel haben, d.h. die Personalkapazitäten sollten konstant ausgelastet sein (vgl. SÜCHTING 1992, S. 471 f.). Neben der Qualität der Bankmitarbeiter ist auch der quantitative Faktor entscheidend, da für das Zustandekommen bestimmter Leistungen der direkte Kontakt zwischen Mitarbeiter und Kunde unerläßlich ist. Derzeit sind bezüglich der Zahl der Mitarbeiter in einem Kreditinstitut zwei Tendenzen zu erkennen: Einerseits wird der Bedarf durch die Verringerung des Zweigstellennetzes und der Ausgliederung betrieblicher Funktionen abnehmen, andererseits kann diese Tendenz aber durch zunehmende Bedeutung der Kundenberatung kompensiert werden (vgl. MEIER 1995, S. 36). Letztlich gilt es, hinsichtlich der Öffnungszeiten vorrangig die Kundenwünsche zu berücksichtigen.

δ. Absatzmethode und Standortwahl

„In Anbetracht der Tatsache, daß bei der Endkombination im Rahmen der Erstellung von Bankmarktleistungen die Mitwirkung des Nachfragers für das Zustandekommen der Dienstleistung ausschlaggebend ist, scheiden Überlegungen zur Wahl der Absatzmethode im Sinne der von Gutenberg für den Absatz von Produkten des Sachgüterbereichs unterschiedenen Formen (Vertriebssystem, Absatzform, Absatzwege) aus." (EILENBERGER 1975, S. 103) Der direkte Vertrieb verläuft über Geschäftsstellen bzw. Filialen (In der folgenden Untersuchung wird nicht zwischen Geschäftsstellen, Haupt- und Zweigstellen sowie Filialen unterschieden.) Dabei enthält die Erstellung von Bankleistungen kommunikativ-akquisitorische Elemente: Sowohl für das Routinegeschäft als auch für Beratungsleistungen sind qualifizierte und motivierte Mitarbeiter erforderlich (vgl. BÜSCHGEN 1993, S. 542).

In Zusammenhang mit der systemorientierten Betrachtungsweise stellen **Geschäftsstellen kleinste Leistungsbereiche** und somit Basissysteme dar. Für den Absatz von Bankleistungen dient bislang ein Zweigstellennetz, d.h. ein aus miteinander verknüpften Basissystemen bestehendes System. (Vgl. RIEDL 1987, S. 253)

Neben der Auswahl von für die Zielerreichung am besten geeigneten Geschäftsstandorten gewinnen **Bankautomatensysteme** zunehmend an Bedeutung. Geldausgabeautomaten, Kontoauszugsdrucker sowie mehrfunktionale Selbstbedienungsgeräte befinden sich vorrangig in den Vorräumen der Geschäftsstellen sowie zunehmend an zentralen Punkten, beispielsweise in Einkaufszentren, sind also noch vom Standort abhängig. Die Einrichtung von POS-Systemen (Point of Sale) kommt dem Bankkunden in der Art näher, daß Zahlungsleistungen direkt am Ort der Fälligkeit verbucht werden. Die Abwicklung von Bankgeschäften mittels T-Online, via Internet oder im Rahmen des **Telefonbankings** ist letztendlich standortunabhängig, d.h. von jeder entsprechenden Zugriffseinheit, beispielsweise vom Telefon, des einzelnen Kunden aus erreichbar (vgl. SÜCHTING/VAN HOOVEN 1991, S. 199). Vorteilhaft ist neben der teilweisen Unabhängigkeit von Ort und Zeit hauptsächlich die Kostenreduktion, die durch die Automatisierung im Standardgeschäft, insbesondere im Zahlungsverkehr, erreicht werden kann. Dem stehen allerdings hohe Investitionen für die Einrichtung der technischen Ausstattung in der Anlaufphase gegenüber. Zudem nimmt die Häufigkeit des persönlichen Kontakts ab und damit die Cross-Selling-Möglichkeiten (vgl. BÜSCHGEN 1993, S. 546).

Nach wie vor behalten die Geschäftsstellen der Kreditinstitute ihre vorrangige Bedeutung für den Vertrieb von Bankleistungen. Der Aufbau des Filialnetzes in den neuen Bundesländern ist nahezu abgeschlossen. Dabei hatten die neu in den Markt getretenen Banken die Möglichkeit, ihre Standorte gezielt auszusuchen. KRAFFT kommt in seiner Untersuchung 1992 zu dem Ergebnis, daß eine inselförmige Gebietsausdehnung ratsam sei, d.h. daß zunächst Geschäftsstellen in Stadtzentren eingerichtet und daraufhin diese ausgedehnt werden sollten (vgl. KRAFFT 1992, S. 488 ff.). Banken, die bereits zum Zeitpunkt der Wirtschafts-, Währungs- und Sozialunion im Untersuchungsgebiet tätig waren, nehmen gezielt Umstrukturierungen vor bzw. haben diese bereits durchgesetzt (vgl. Jahresberichte des Ostdeutschen Sparkassen- und Giroverbandes).

ε. Werbung und PR-Maßnahmen

„Werbung hat in erster Linie eine **Informationsfunktion**. Sie informiert die Umwelt
- über die Leistungsbereitschaft der Bank,
- über das Leistungsprogramm,
- über qualitative Kriterien der Einzelleistungen." (HAUSCHILDT 1981, S. 31)

Wie oben bereits angesprochen, kann im Rahmen des persönlichen Kontaktes von Bankmitarbeiter und Bankkunde direkt Kommunikation betrieben werden. Im direkten Kontakt besteht die Möglichkeit sowohl zur Übermittlung als auch zur Gewinnung von Informationen, beispielsweise über Kundenwünsche. Zudem steigt die Wahrscheinlichkeit des Wiederholungskaufs mit der als positiv empfundenen Qualität der Dienstleistung, insbesondere aufgrund von Beratungsgesprächen (vgl. GIESLER 1993, S. 127 ff.).

Bankbetriebliche Werbung kann grob in Produktwerbung und Imagewerbung unterschieden werden. Die **Produktwerbung** soll über Bankleistungen informieren sowie potentielle und tatsächliche Kunden zur Nachfrage anreizen (vgl. SIEWERT 1983, S. 318). Problematisch gestaltet sich die Herausstellung originärer **Leistungsmerkmale**, da **keine wesentlichen Unterschiede** im Bankleistungsangebot bestehen (vgl. 1.B.IV.b.α.). Daher kommt der **Imagewerbung** größere Bedeutung zu, denn diese beinhaltet „sämtliche Anstrengungen einer Bank, im Verhältnis zu allen Sektoren der Umwelt ein für die Bank günstiges Klima zu schaffen" (im Original fett; SÜCHTING 1992, S. 127 ff.; zur Öffentlichkeitsarbeit von Banken vgl. BÖRNER 1994). Als Stilelemente im Rahmen der Bankenwerbung für das jeweilige Image eignen sich Symbole, Farben und Namen sowie die Einführung von Slogans. Bei Sparkassen und Kreditgenossenschaften übernehmen zunehmend die Verbände die Gestaltung einheitlicher Werbelinien.

Während Werbung insbesondere dazu dient, Kunden auf die Befriedigung ihrer speziellen Wünsche hin anzusprechen, beinhaltet die **Öffentlichkeitsarbeit** (PR) von Banken als Teil der Kommunikationspolitik das Management von Kommunikationsprozessen (vgl. BÜSCHGEN 1995, S. 264 ff.). Der Zweck von PR-Maßnahmen besteht darin, in der Öffentlichkeit Akzeptanz aufzubauen und zu erhalten, um damit einen bankbetrieblichen Handlungsspielraum zu schaffen. Öffentlichkeitsarbeit stellt somit eine Art Vetrauenswerbung dar, die sich an die gesamte relevante bankbetriebliche Umwelt richtet. Unter PR-Maßnahmen sind insbesondere Projekte zu verstehen, die einerseits die Allgemeinheit fördern und andererseits dazu beitragen, wirtschaftliche Sachverhalte transparent zu machen. Die Gründung von Stiftungen, die Durchführung von Wettbewerben, die Vergabe von Mitteln aus Stiftungen oder Verleihungen von Preisen sind Instrumente der Öffentlichkeitsarbeit. (Vgl. BÜSCHGEN 1995, S. 282; KOTLER/BLIEMEL 1995, S. 1019 ff.)

2. Kapitel: Kriterien zur Bestimmung von Erfolg in Kreditinstituten

A. Bankbetriebliche Erfolgsfaktoren

Der Erfolg einer Unternehmung drückt sich im allgemeinen dadurch aus, daß die gesteckten Ziele im Rahmen der Geschäftstätigkeit erreicht werden. Die Diskussion von Faktoren, die wesentlichen Einfluß auf bankbetrieblichen Erfolg nehmen, bildete den Tagungsgegenstand eines Bankensymposiums 1989 in Wien. Im Ergebnis waren sich die Experten trotz divergierender Meinungen darüber einig, „daß sich auf Basis der genannten Studien kaum ein Konzept - keinesfalls ein Rezept - zur Erklärung bankbetrieblicher Erfolgsursachen aufbauen läßt" (BÜHLER 1990, S. 120). Dennoch bringen diverse Studien den Nachweis, daß qualitative Faktoren einen nicht unwesentlichen Beitrag zu bankbetrieblichem Erfolg leisten (vgl. Tabelle 4). Auch wenn der einzelne Beitrag kaum quantifizierbar ist (vgl. TRUMLER 1996b, S. 40), darf der Einfluß des Bankmanagements auf den unternehmerischen Erfolg nicht vernachlässigt oder als logische Konsequenz betrachtet werden. KRÜGER kommt in einer branchenübergreifenden Erfolgsfaktorenanalyse zu dem Ergebnis, „daß sich viele Erfolgs- und Mißerfolgserklärungen, die man intuitiv abzugeben oder anzuerkennen geneigt wäre, in der empirischen Analyse als falsch erwiesen haben" (KRÜGER 1988, S. 42).

Insgesamt erscheint es sinnvoll, sowohl für positiven als auch negativen Erfolg analoge qualitative Einflußfaktoren anzunehmen. Erfolg beruht auf einem Komplex an Ursachenbündeln. Mit Hilfe der systemorientierten Betrachtungsweise konnte bereits in Kapitel 1.B. eine Segmentierung des Systems Bankbetrieb hinsichtlich des Managements in die Subsysteme Zielorientierung bzw. strategisches Bankmanagement, Führung und Marketing erreicht werden. Daß eine Beschränkung auf diese Erfolgssegmente sinnvoll ist, zeigt ein Überblick über verschiedene, im deutschsprachigen Raum durchgeführte Erfolgsfaktorenanalysen in Tabelle 4 (vgl. 1.B.II.).

Studie	Strategie	Führung	Marketing
ZIMMERMANN 1988; PRIEWASSER 1992	Geschäftspolitik	Führung / Personal	Verkauf von Dienstleistungen
DAVIS 1989	Strategischer Kurs; Werte und Unternehmungskultur	Führung; Menschliche Ressourcen	Produkte; Kunden
TRUMLER 1996a/b	Klare Zielvereinbarung und Kommunikation	Internes Marketing	Marktkenntnis; Kundenbedürfnis; Produktqualität
RAAB 1990	Strategie		Serviceorientierung
KRÜGER 1988/1992	Strategie	Träger	

Tab. 4: Empirisch bestätigte Erfolgsfaktoren.

Im Rahmen der angeführten empirischen Studien konnten die Managementfunktionen Strategie, Führung und Marketing als die wesentlichen Einflußfaktoren auf bankbetrieblichen Erfolg identifiziert werden. „Die Ursache-Wirkungs-Zusammenhänge der Erfolgsentstehung lassen sich mit Gutenberg als Input-Output-Relation begreifen. ... Es sind Inputgrößen zu ermitteln, die den Charakter von „strategischen Erfolgsfaktoren" tragen und den Unternehmungserfolg als Outputgröße verursachen." (KRÜGER 1988, S. 28) Den betrachteten Untersuchungen ist gemeinsam, daß zunächst der Erfolg der einzelnen Kreditinstitute gemessen, aufgrund einer entsprechenden differenzierten Betrachtung der jeweilige Einsatz qualitativer Managementinstrumente festgestellt und als charakteristisch für Erfolg bzw. Mißerfolg bezeichnet wird.

Als **Erfolgsindikatoren** dienen durchweg monetäre Größen, in denen sich Ergebnisse langfristig niederschlagen (vgl. 1.B.II.a.α.; DAVIS 1989, S. 7; KRÜGER 1988, S. 27). ZIMMERMANN beschreibt eine Reihe von Erfolgsindikatoren, aus denen er letztlich vier zentrale Kennziffern auswählt: (vgl. ZIMMERMANN 1988, S. 8 u. S. 107 ff.)

1. Bilanzwachstum;
2. ausgewiesene Eigenkapitalrendite;
3. ausgewiesene Gesamtkapitalrendite;
4. ausgewiesene Produktivität.

Diese bilanziellen Indikatoren stellen für sich genommen aus bankbetrieblichen Oberzielen abgeleitete Subziele dar. Insbesondere Bilanzwachstum kennzeichnet Leistungen des Managements. Zur Messung der Produktivität muß i.d.R. die Zahl der Mitarbeiter zur Identifikation ausreichen, zumal die Zahl der Konten nur von wenigen Kreditinstituten publiziert wird.

Im Rahmen der vorliegenden Untersuchung ist es jedoch nicht möglich, die betrachteten Banken aufgrund der oben erläuterten quantitativen Erfolgsindikatoren in erfolgreiche und nicht erfolgreiche Institute zu trennen. Dabei kommen mehrere Gründe zum Tragen:

Erstens verfolgt diese Arbeit das Ziel, Banken in den neuen Bundesländern aufgrund der jeweils verwendeten Managementinstrumente und den dabei auftretenden Problemen hinsichtlich eventueller Unterschiede und Gemeinsamkeiten zwischen Westbanken und den bereits ansässigen Sparkassen und Kreditgenossenschaften zu charakterisieren. Damit verbunden ist der zeitliche Aspekt, der für den Wirkungsraum strategischen Handelns i.d.R. bei vier bis fünf Jahren liegt. Zum Zeitpunkt der Befragung lagen jedoch erst vier Geschäftsjahre zurück, d.h. für den aus der Kennziffernanalyse resultierenden Erfolg können strategische Maßnahmen nur vage verantwortlich gemacht werden. Im Vergleich dazu betrachtet ZIMMERMANN in seiner Studie Kreditinstitute, die über 20 Jahre hinweg überdurchschnittlich erfolgreich geschäftstätig waren (vgl. ZIMMERMANN 1988, S. 11 f.).

Zweitens haben insbesondere Sparkassen und Kreditgenossenschaften noch immer mit einer starken Passivlastigkeit des Geschäfts zu kämpfen, mit der Ausdehnung des Kreditgeschäfts sind vermehrt Risiken verbunden, die für diese Institutsgruppen schnell existenzbedrohend werden können. Zudem befinden sich die ehemaligen DDR-Banken vermehrt in der Thesaurierungsphase, d.h. Gewinne werden zur Expansion der Eigenkapitaldecke genutzt.

Und drittens bilanzieren die Geschäftsstellen der überregional tätigen Kreditbanken nicht selbständig, sie publizieren daher keine Daten, die mittels Kennzahlenanalyse zur Erfolgsidentifikation beitragen könnten. Zwar ermitteln einige Kreditbanken, insbesondere die Großbanken, entsprechende Daten im Rahmen der Wirtschaftlichkeitsprüfung, diese werden jedoch innerhalb der Unternehmung erhoben und dem internen Rechnungswesen zugeführt. Sie sind damit vertraulich und werden nicht an Dritte weitergegeben. Abgesehen davon ist es auch nicht möglich, sämtliche Positionen den Regionalfilialen entsprechend dem Verursachungsprinzip zuzuordnen und damit wären diese Angaben nur wenig vergleichbar mit den Kennziffern der selbständig bilanzierenden Sparkassen und Kreditgenossenschaften.

Somit unterbleibt auch die Aussage, ob Sparkassen, Kreditgenossenschaften, Großbanken, Regional- oder sonstige Kreditbanken in den neuen Bundesländern erfolgreich sind oder nicht. Der Schwerpunkt der folgenden empirischen Analyse liegt lediglich im Einsatz von Managementinstrumentarien und den dabei auftretenden Problemen.

B. Formales Konzept des Bankmanagements

Aus den in Kapitel zwei diskutierten empirischen Studien über den Beitrag einzelner Faktoren zum Erfolg in Kreditinstituten ließen sich die Teilgebiete Strategie, Führung und Marketing identifizieren. Unter Nutzung dieser Erkenntnis verfolgt die vorliegende Untersuchung das Ziel, Antwort auf folgende Fragestellungen zu geben:

1. Welchen Einfluß nehmen die Managementkomponenten auf die Problematik in einzelnen Bereichen?
2. Welcher Zusammenhang läßt sich zwischen den Managementkomponenten identifizieren?

Der Aussagegehalt des Untersuchungsgegenstandes und seine systematische Verknüpfung sind im folgenden darzulegen. Zugleich wird damit die formale Grundstruktur der Auswertungsprogramme beschrieben. Für die folgenden Kapitel sei jeweils auf die hier formalisierten Prüfungsschritte verwiesen.

I. Darstellung des Bankmanagements mit seinen Elementen

Die systemorientierte Betrachtung des Bankmanagements erlaubt eine Formalisierung des Untersuchungsgegenstandes in folgender Weise: Das Management M einer Bank besteht aus den Managementkomponenten, d.h. den durch bestimmte Eigenschaften gekennzeichneten Elementen E und den spezifischen Verknüpfungen V zwischen den Elementen.

$$M = f\{E;V\}$$

Das Management M folgt der Entscheidungsregel Ψ, die einer definierten Nebenbedingung folgt:

$$p \rightarrow \min!$$

wobei p die mit dem Management verbundenen Probleme darstellt. D.h. um einen positiven Beitrag der Managementelemente zum Erfolg eines Bankbetriebs zu erreichen, sollte die Zahl der in Zusammenhang mit dem Einsatz der Managementinstrumente stehenden Probleme minimiert werden.

Die spezifische Aufgabenstellung des Bankmanagements M^f ergibt sich aus dem Bezug auf die Problemstellung. Die Untersuchung betrachtet den Ausschnitt:

$$M^f = f\{E^f;V^f\}$$

E^f ist die Menge aller Elemente des Bankmanagements, die die Aufgabenstellung beeinflussen. V^f stellt die Menge aller Verknüpfungen zwischen diesen Elementen dar. Im Rahmen der Untersuchung werden nur die Teilklassen betrachtet, die durch gezielte Auswahl gewonnen werden. Damit läßt sich das Bankmanagement wie folgt darstellen:

$$m_i^f = f\{e_i^f;v_i^f\}$$

Dabei lassen sich die Managementkomponenten noch in weitere Subelemente zerlegen:

$$e_i = f\{e_{ijk}^f\}$$

Der erste Index i bezeichnet die Managementkomponenten der Art nach. Der zweite Index j beschreibt entsprechend die Subkomponenten der Managementkomponenten e_i. Jede einzelne der so bezeichneten Managementsubkomponenten tritt in einer endlichen Menge von k Ausprägungen auf, die durch den dritten Index beschrieben werden. Damit lassen sich sämtliche weiter zu analysierenden Alternativen der Gestaltung des Bankmanagements kennzeichnen.

II. Einfluß von Managementinstrumenten auf die Managementproblematik

Um der ersten Fragestellung nachzukommen, wird dieser in drei Teilschritten nachgegangen:

a) Nutzung b_{ij}^f einzelner Managementsubelemente e_{ij}^f im Bankbetrieb;

b) Aufdecken von Unterschieden zwischen ost- und westdeutschen Kreditinstituten bzw. zwischen den Kreditinstitutsgruppen g, wobei l $\in$ g;
c) Identifikation einzelner Problembereiche q_i sowie Analyse ihrer Bedeutung p_i für die Erfüllung der Nebenbedingung; zur Unterstützung des Untersuchungsziels wiederum mit Hilfe der Unterscheidung nach Kreditinstitutsgruppen.

Um die der Untersuchung zugrunde gelegten qualitativen Komponenten für mathematische Modelle nutzen zu können, wird den Ausprägungen der einzelnen Managementsubelemente entsprechend ihrer Bedeutung b, die ihnen jeweils in der Bank l zukommt, ein Punktwert zugewiesen:

$$b_{ijl}^{f} = f\left\{e_{ijkl}^{f}\right\}$$

Zur Vereinfachung der Vergleichbarkeit der Managementsubelemente werden diese anhand der Bildung von Mittelwerten für alle Kreditinstitute zusammengefaßt:

$$b_{ij}^{f} = \frac{\sum_{l=1}^{L} b_{ijl}^{f}}{L}$$

Zudem lassen sich die Bedeutungswerte der Subelemente in die übergeordneten Elemente zusammenfassen:

$$b_{i}^{f} = f\left\{b_{ij}^{f}\right\}$$

Hinsichtlich des Untersuchungsgegenstandes Bankmanagement in den neuen Bundesländern und den damit verbundenen besonderen Wettbewerbsverhältnissen wird eine Differenzierung der Betrachtung für ost- und westdeutsche Banken notwendig. Praktikabler Weise eignet sich eine Unterscheidung nach Kreditinstitutsgruppen in Sparkassen, Kreditgenossenschaften und Kreditbanken. Für Managementsubelemente ergibt sich:

$$b_{ijg}^{f} = f\left\{b_{ijl}^{f}\right\}$$

Analog für die Managementelemente:

$$b_{ig}^{f} = f\left\{b_{ijg}^{f}\right\}$$

Die Aufgabenorientierung des Bankmanagements verlangt die Vermeidung von Problemen, die in Verbindung mit dem Einsatz von Managementinstrumenten stehen. Analog zu den Managementsubelementen werden die Subproblembereiche q_{ir} anhand ihrer Ausprägungen s ermittelt, und das für jeden Managementbereich i und jedes Kreditinstitut l:

$$q_{irl} = f\left\{q_{irsl}\right\}$$

wobei r die Subproblembereiche der in Verbindung zu den Managementelementen stehenden Problembereiche p_i darstellt, s beschreibt deren Ausprägungen. Analog gilt für eine Unterscheidung nach Kreditinstitutsgruppen:

$$q_{irg} = f\{q_{irsl}\}$$

Die Vergleichbarkeit der Subproblembereiche wird wiederum durch die Bildung von Mittelwerten für alle Kreditinstitute erreicht:

$$p_{ir} = \frac{\sum_{l=1}^{L} q_{irl}}{L}$$

Für die Betrachtung nach Kreditinstitutsgruppen:

$$p_{irg} = f\{q_{irg}\}$$

Zusammenfassung der einzelnen Managementsubprobleme p_{ij} in die Problembereiche p_i:

$$p_i = f\{p_{ir}\}$$

Für die weitere Interpretation der Untersuchungsergebnisse ist eine nach Kreditinstitutsgruppen g differenzierte Betrachtung der Probleme notwendig:

$$p_{ig} = f\{p_{irg}\}$$

III. Zusammenhang zwischen den Managementkomponenten

Basierend auf den Analysen von Managementelementen und damit verbundenen Problemen p_i läßt sich der Zusammenhang v_i zwischen den Elementen e_i feststellen, insbesondere unter Berücksichtigung der Unterschiede zwischen den Kreditinstitutsgruppen g:

$$v_i^f = f\{b_{ig}^f ; p_{ig}\}$$

Zur Unterstützung der Aussage über die Verknüpfungen zwischen den Managementelementen, die sich durch die Nutzung der Aussagen über die Managementproblematik verstärken läßt, wird untersucht, ob sich signifikante Unterschiede zwischen den Kreditinstitutsgruppen ergeben. Dazu wird die lineare Diskriminanzanalyse genutzt. Die Trennfunktion d wird durch die Untertrennfunktionen aus den Management- und Problemelementen beschrieben:

$$d = f\{d_i^b ; d_i^p\}$$

wobei

$$d_i^b = f\{b_{ig}^f\}$$

und

$$d_i^p = f\{p_{ig}\}$$

Im Rahmen der Diskriminanzanalyse gilt es, ein maximales Diskriminanzmaß U^2 zu erreichen:

$$U^2 \rightarrow \max!$$

Für die vorliegende Untersuchung ist weniger die Diskriminanzfunktion für sich interessant als vielmehr das Maß für das Gelingen der Trennung. Dabei gibt der Korrelationskoeffizient den Zusammenhang zwischen den berechneten

Werten der Diskriminanzfunktion und der Gruppenzugehörigkeit an. Je kleiner Wilks' Lambda ist, desto besser unterscheiden sich die mittleren Werte der Diskriminanzfunktion in den beiden Gruppen. Wilks' Lambda begründet den Test der Signifikanz der Gruppenunterschiede, wobei der Signifikanzwert innerhalb des vorgegebenen Konfidenzintervalls von 95 % liegen muß. Der Eigenwert (Eigenvalue) bildet ein Maß für die Güte (Trennkraft) der Diskriminanzfunktion, je größer, desto „besser" die Trennung.

Insgesamt setzt sich das Bankmanagement nicht nur aus den Managementelementen und den dazwischen bestehenden Beziehungen zusammen, sondern läßt sich durch die zusätzliche Berücksichtigung der Problematik beschreiben:

$$m_i^f = f\left\{e_i^f; v_i^f\right\} = f\left\{e_i^f; b_{ig}^f; p_{ig}\right\}$$

(Grundlagen für die statistische Auswertung vgl. BACKHAUS u.a. 1994, S. XIII ff.; BLEYMÜLLER u.a. 1994, S. 3 f.; BOSCH 1989; BÜHL/ZÖFEL 1994, S. 155 ff. u. S. 337 ff.; JANSSEN/LAATZ 1994, S. 223 ff.; SCHIERENBECK 1989, S. 140 ff.; SIEG 1994, S. 163 ff.; WEBER/KRAHNEN/WEBER 1995, S. 1621 ff.)

3. Kapitel: Gewinnung der empirischen Daten im Rahmen einer Vollerhebung der Universalbanken in den neuen Bundesländern

A. Konzeption der Befragung im Rahmen einer Vollerhebung

Die im zweiten Kapitel ermittelten Erfolgsfaktoren und das formale Konzept des Bankmanagements determinieren die inhaltlichen Anforderungen an das zu erhebende Material: Entsprechend den Untersuchungssegmenten werden Indikatoren aufgestellt, die unabhängig von ihrem einzelnen Erfolgsbeitrag und zunächst unberücksichtigt der gegenseitigen Einflußnahme nebeneinander stehen. Ausgangspunkt der Betrachtung ist die Frage nach der Zielsetzung der Kreditinstitute. Um eingangs die problematischen Schlüsselbereiche zu identifizieren, finden ziel-, führungs- und marketingbezogene Aspekte in einem ersten Fragenblock Berücksichtigung. „Der Prozeß strategischer Planung dient einer Bank zur langfristigen, den Kurs bestimmenden Zielsetzung, als Rahmen für Maßnahmen und als Mittel, den Fortschritt beim Erreichen gesteckter Ziele zu steuern und zu überwachen. Er beinhaltet die schwerwiegende Entscheidung, zwischen mehreren Wahlmöglichkeiten, das Setzen von Prioritäten, die Allokation von Ressourcen und das Festlegen von Verantwortlichkeiten." (DAVIS 1989, S. 31)

Darauf aufbauend erfolgt eine Betrachtung der Führungsinstrumente unterschiedlicher Fristigkeiten. Dadurch sollen charakteristische Merkmale bankbetrieblichen Handelns seitens des Managements aufgedeckt werden. Diese sind schließlich in Zusammenhang mit Führungsproblemen zu sehen. Managementaktivitäten, insbesondere die im Rahmen der strategischen Planung eingeschlagenen Wege, finden ihren Niederschlag in den Marketingaktivitäten.

Als weiteres Betrachtungsobjekt interessiert die Marktorientierung. Primär wird nach dem Einsatz verschiedener Instrumente zur Marktbearbeitung gefragt. Probleme im Marketingbereich sind dabei bereits im Rahmen der Schlüsselproblematik abgefragt. Verbunden mit dem Aspekt des Versorgungsgrads der Banken im Untersuchungsgebiet mit primärstatistischen Marktdaten im Rahmen der Marktforschung ist die Betrachtung der Segmentierung von Bankkunden in Zielgruppen, die in gewisser Weise eine Berücksichtigung der sozio-demographischen Besonderheiten widerspiegeln sollte. Damit in Zusammenhang ist auch die Einschätzung der Wachstumsaussichten verschiedener Bankprodukte, sowohl im Privatkunden- als auch im Firmenkunden- und Interbankgeschäft zu sehen.

Anregungen für die inhaltliche **Gestaltung des Fragebogens** wurden von einer Untersuchung des „Marketing im Bankbetrieb" entnommen, die 1978 im Rahmen eines Bankseminars in der Schweiz unter vorwiegend kleinen und mittleren Instituten durchgeführt wurde (vgl. SCHUSTER 1979, S. 46 ff. und S. 63 ff.). Erkenntnisse aus einem zuvor vom Verfasser durchgeführten Forschungsprojekt über die Mikrostruktur des Bankenmarktes in Mecklenburg-Vorpommern fanden dabei Berücksichtigung und bewirkten eine mit der spezifischen Fragestellung des Bankmanagements in den neuen Bundesländern einhergehende Neuorientierung der Fragen. Der vollständige Fragebogen befindet sich in Anhang III.

Zur Darstellung der Struktur des Bankenmarktes und damit zur Verdeutlichung der Repräsentativität der Erhebung wird nach der Zahl der Mitarbeiter, der Geschäftsstellen, der Bilanzsumme in 1994 sowie der Gesamtzahl der Konten gefragt. Die Verteilung der Marktanteile läßt sich aus einer Selbsteinschätzung ableiten. (Zur Problematik der Marktanteilsanalyse vgl. OXENFELDT 1959, S. 59 ff.) Zur Darstellung der Geschäftsstruktur der untersuchten Banken dienen Angaben über die Zahl der Aktiv- und Passiv-, sowie der Privat- und Firmenkonten. Die Fragen nach dem Beitrag von Fusionen zur Lösung von Schlüsselproblemen und der Einschätzung der Substitutionsgefahr durch Non- und Nearbanks sind für die vorliegende Betrachtung nicht von Bedeutung.

Das Sammeln der relevanten Informationen der vorliegenden Untersuchung erfolgt mit Hilfe einer Befragung mittels Fragebogen, der wegen seiner breitflächigen Einsetzbarkeit und leicht handhabbaren Auswertung geeignet ist, zumal es sich überwiegend um geschlossene Fragen handelt. Die Struktur des Fragebogens entspricht nicht genau der Reihenfolge des Untersuchungsgegenstandes. Denn einerseits lassen sich verschiedene Aspekte zu einem Befragungsbereich zusammenfassen und andererseits sollte eine Antwortenlenkung vermieden werden.

Zum Jahresende 1995 erfolgte die Durchführung einer Pilotstudie in Mecklenburg-Vorpommern, die eine Beteiligung von 75 % der angesprochenen Kreditinstitute mit sich brachte und damit auf die Dringlichkeit der Problematik hinwies. Unter der weitergehenden Zielsetzung, einen überregionalen Vergleich mit den anderen neuen Bundesländern anzustellen, wurde eine entsprechende Ausdehnung der empirischen Erhebung in der Zeit von Mitte März bis Ende Mai 1996 vorgenommen, wobei eine Nachfassung bereits Ende April stattfand.

Das Konzept der empirischen Untersuchung besteht in einer Vollerhebung auf der Basis von 420 Kreditinstituten in den Bundesländern Berlin, Brandenburg, Mecklenburg-Vorpommern, Sachsen, Sachsen-Anhalt und Thüringen. Es handelt sich dabei um Institute, die in den jeweiligen Verzeichnissen der zuständigen Landeszentralbanken aufgeführt sind und Universalbankcharakter tragen. Unterschiede in der Summe der einbezogenen Institute ergeben sich durch teilweise gemeinschaftliche Beantwortung, z.B. nach einer Fusion. Ein erster Bundesländervergleich bestätigte die Vermutung, daß eine Trennung innerhalb von Berlin nach ehemals Ost und West nicht sinnvoll möglich ist. Die Aussagen weichen vom Gesamtbild zu stark ab. Daher sind die Kreditinstitute, die hauptsächlich in Berlin geschäftstätig sind, von der folgenden Untersuchung

Untersuchung ausgenommen. Somit beträgt die Zahl der letztendlich berücksichtigten Kreditinstitute 367.

B. Repräsentativität des Rücklaufs

Zur Feststellung der Repräsentativität der empirischen Untersuchung wird im folgenden neben der Darstellung des Rücklaufs ein Profil der befragten Kreditinstitute anhand der Zahl der Mitarbeiter, der Geschäftsstellen, der Konten sowie der Bilanzsumme aufgezeigt. Die Fragebögen gingen dem jeweiligen Vorstand bzw. der entsprechenden Geschäftsleitungsebene der 367 in die Vollerhebung unter Universalbanken in den neuen Bundesländern einbezogenen Institute zu. Mit dem **Rücklauf** von 181 (ohne Berlin) ausgefüllten Fragebögen konnte insgesamt eine **Quote von ca. 50 %** erzielt werden (vgl. Abbildung 10 und Anhang IV.1).

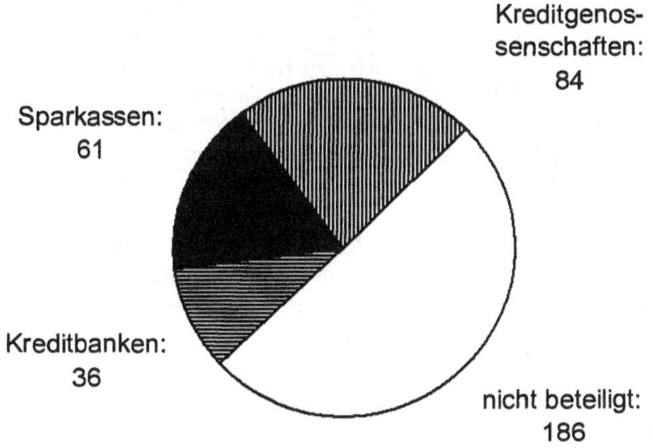

Abb. 10: Überblick über Umfragekreis und Beteiligung.

Es ist daher gerechtfertigt, im folgenden von einer für die neuen Bundesländer repräsentativen Erhebung auszugehen. Eine Unterteilung nach Institutsgruppen bestätigt dieses Bild: Die zu einer Gruppe zusammengefaßten Großbanken, Regionalkreditinstitute und sonstigen Kreditbanken beteiligten sich zu 51 %, die Sparkassen zu 57 % und die Kreditgenossenschaften zu 45 % an der Umfrage. Zudem sind die einzelnen Bundesländer jeweils angemessen repräsentiert. An der Vorstudie in Mecklenburg-Vorpommern nahmen 43 Institute teil. An der weiteren Untersuchung beteiligten sich aus Sachsen 59 Kreditinstitute, aus Sachsen-Anhalt 34, aus Thüringen 39 und aus Brandenburg 36 Banken (vgl. Anhang IV.2), wobei sich aus Brandenburg keine Kreditbank beteiligte, was überwiegend an dem Ausschluß der in Berlin tätigen Banken liegt, da sich vielmals die Geschäftsgebiete überschneiden. Mehrfachnennungen ergeben sich teilweise daraus, daß sich das jeweilige Geschäftsgebiet der antwortenden Kreditinstitute über mehr als ein Bundesland erstreckt bzw. Bezirksniederlassungen von Kreditbanken den Fragebogen gemeinschaftlich ausgefüllt haben. Im Rahmen der Auswertung der Umfrageergebnisse ergaben sich keine signifikanten Unterschiede zwischen den Bundesländern, weshalb im folgenden nicht weiter regional differenziert wird.

Für das Aufzeigen von Unternehmungsprofilen werden im Kreditinstitutssektor die Anzahl der Geschäftsstellen sowie die Zahl der Angestellten verwendet. Die beantwortenden Führungsmitarbeiter der einzelnen Banken in den neuen Bundesländern wurden gebeten, die **Zahl der Geschäftsstellen** im jeweiligen Geschäftsgebiet anzugeben (zur begrifflichen Vielfalt vgl. 1.B.IV.b.δ). Dabei verfügen nur 10 % der Banken über vier oder weniger Geschäftsstellen, 28 % über fünf bis neun und 23 % über 10 bis 14. 39 % der Banken betreiben jedoch 15 oder mehr Geschäftsniederlassungen. Die Verteilung zwischen den Institutsgruppen bestätigt die Vermutung, daß Genossenschaftsbanken überwiegend kleiner sind: 67 % der Kreditgenossenschaften unterhalten nur bis zu neun Geschäftsstellen. Dagegen verfügen 90 % der Sparkassen über zehn und mehr Geschäftsniederlassungen, ebenso 91 % der Großbanken, Regional- und sonstigen Kreditbanken. (Vgl. Anhang IV.3)

Das aus der Zahl der Geschäftsstellen ableitbare Bild von der Größe der einzelnen Bankbetriebe wird durch eine Darstellung der **Zahl der Mitarbeiter** verstärkt: 43 % der beteiligten Banken beschäftigen weniger als 100 Mitarbeiter, davon verfügen 35 Banken sogar über weniger als 50 Mitarbeiter (20 %). Dieser unteren Betriebsgrößenstufe stehen allerdings 40 % der Banken gegenüber, die mehr als 200 Mitarbeiter beschäftigen, darunter 29 Institute mit über 500 Mitarbeitern. Als relativ schwach besetzt erweist sich dagegen das Mittelfeld (100 bis 200 Mitarbeiter) mit nur 31 Instituten, was 17 % der beteiligten Banken entspricht. Das obere Segment mit mehr als 200 Mitarbeitern wird überwiegend durch Großbanken, Regional- und sonstige Kreditbanken (66 % der Gruppe) sowie durch Sparkassen (76 % aller Sparkassen) besetzt. Dagegen beschäftigen 81 % der Kreditgenossenschaften weniger als 100 Mitarbeiter und stellen damit den Hauptanteil der kleineren Institute. (Vgl. Anhang IV.4)

Zur Abbildung der Bankenstruktur in den neuen Bundesländern interessiert naturgemäß der Umfang der Geschäftstätigkeit der Banken, für dessen Messung die **Bilanzsumme** als Kenngröße herangezogen wird. Die von den jeweiligen Banken im Geschäftsjahr 1994 erreichte Bilanzsumme streut stark. Problematisch ist dabei der Volumenvergleich mit den regionalen Niederlassungen von Kreditinstituten, die nicht selbständig bilanzieren bzw. nur Schätzgrößen für die neuen Bundesländer insgesamt angeben konnten. Die durchschnittliche Bilanzsumme der Banken in den neuen Bundesländern lag 1994 bei 1 230 Mio. DM (vgl. Anhang IV.5). Dabei reicht die Bandbreite von 82 Mio.

DM bis zu 30 000 Mio. DM, wobei das 50 %-Perzentil bei 483 Mio. DM liegt. Die größten durchschnittlichen Bilanzsummen finden sich erwartungsgemäß bei den Großbanken, Regional- und sonstigen Kreditbanken mit 7 415 Mio. DM. Das läßt sich dadurch erklären, daß diese meist einen größeren regionalen Einzugsbereich bedienen als vergleichsweise Sparkassen und Kreditgenossenschaften, die überwiegend regional tätig sind. Die durchschnittlich größeren Sparkassen weisen im Mittel 1 640 Mio. DM Bilanzsumme aus. Die kleinste Sparkasse kommt dabei auf 167 Mio. DM, die größte auf 9 200 Mio. DM. Das 50 %-Perzentil liegt bei 1 180 Mio. DM gegenüber 1 750 Mio. DM bei der Kreditbankengruppe. Die kleineren Kreditgenossenschaften kommen auf durchschnittlich 284 Mio. DM. Dabei reichen die Größen von 82 Mio. DM bis 2 600 Mio. DM mit einem 50 %-Perzentil von 210 Mio. DM.

In Verbindung zur jeweiligen Bilanzsumme wurden die Kreditinstitute in den neuen Bundesländern nach ihrem jeweiligen **regionalen Marktanteil** befragt. Daraus ergibt sich ein vorhersehbares, signifikantes Bild (vgl. Anhang IV.6): 86 % der Großbanken, Regional- und sonstigen Kreditinstitute beziffern ihren Marktanteil mit weniger als 10 %, die Hälfte unter ihnen sogar mit weniger als 5 %. Der Marktanteil der Kreditgenossenschaften liegt nach Selbsteinschätzung zu 36 % ebenfalls unter 10 %, weitere 46 % bei 10 bis 20 %. Die verbleibenden 18 % schätzen ihren regionalen Marktanteil auf über 20 % ein. 92 % der Sparkassen beziffern ihren Marktanteil mit über 50 %, über den sie nachweisbar verfügen (vgl. Jahresberichte des Ostdeutschen Sparkassen- und Giroverbandes).

Zur Verstärkung des anhand der einzelnen Bilanzsummen gezeichneten Bilds über den Umfang der Geschäftstätigkeit dient eine Betrachtung der **Gesamtzahl der Konten**. Sie erlaubt Rückschlüsse auf den Umfang der Kundenverbindungen, die wirtschaftlichen Aktivitäten von Banken und den erreichten Entwicklungsstand der Kundenbeziehungen. Dabei ist zu beachten, daß Kunden häufig über mehr als ein Konto bei ein und demselben Institut verfügen. 25 % der Banken in den neuen Bundesländern führen weniger als 20 000 Konten und 22 % zwischen 20 000 und 40 000. Diese beiden Kategorien sind überwiegend von den Kreditgenossenschaften besetzt. (Zum Vergleich: Die Zahl der Konten der Bank 24 beträgt laut Angaben von Jürgen Krumnow anläßlich der Bilanzpressekonferenz 1995 der Deutschen Bank rund 35 000, Ende 1996 waren es rund 80 000.) Dagegen führen 17 % der Banken über 40 000 bis 100 000, weitere 36 % sogar über mehr als 100 000 Konten. Die Großbanken besetzen zu 50 % die obere Gruppe mit über 100 000 Konten, zu der auch 72 % der Sparkassen zählen. (Vgl. Anhang IV.7)

Um einen ergänzenden Überblick über Umfang und Inhalt des Leistungsangebots der Kreditinstitute im Untersuchungsgebiet zu erhalten, dient die Betrachtung der Zahl der privaten sowie der geschäftlich genutzten Konten. Ausgehend vom infrastrukturell bedingten, differenzierten Kundenaufkommen wurden für die Umfrage Kategorien in erheblich unterschiedlichem Umfang gebildet. 41 % der Banken halten weniger als 20 000 **private Kundenkonten**; darunter sind 76 % der Kreditgenossenschaften anzutreffen. Weitere 27 % der Banken weisen 20 000 bis 60 000 Privatkonten auf (von 37 % der Sparkassen und 22 % der Kreditgenossenschaften besetzt); 10 % verfügen über 60 000 bis 100 000 und 22 % über mehr als 100 000 derartiger Konten, welche überwiegend bei Sparkassen gehalten werden (37 % der Sparkassen). Die Privatkundenstruktur bei den Kreditbanken zeigt sich uneinheitlich: Während 50 % der unteren Kategorie zuzuordnen sind, finden sich weitere 43 % im oberen Bereich wieder. (Vgl. Anhang IV.8)

Ein von der Verteilung der Privatkonten abweichendes Bild bietet allerdings die Verteilung der Zahl der **Geschäftskonten**: 16 % der Banken führen weniger als 1 000 geschäftlich genutzte Konten, was überwiegend die Genossenschaftsbanken betrifft (32 % der Kreditgenossenschaften). 25 % verfügen über 1 000 bis 2 500, weitere 32 % über 2 500 bis 5 000 Kontoverbindungen. Die zweite Gruppe ist von 35 % der Kreditgenossenschaften, die dritte von 47 % der Sparkassen besetzt. In der Kategorie von über 5 000 Geschäftskonten, die 27 % der Banken umfaßt, finden sich insbesondere Kreditbanken (57 %) und Sparkassen (35 %). Insofern weist die relativ geringe Zahl von Geschäftskonten auf die noch wenig entwickelte Unternehmungsfinanzierung durch Banken in den neuen Bundesländern hin, zumal bei Kreditbanken deutlich mehr geschäftlich genutzte Konten geführt werden als bei Sparkassen oder Kreditgenossenschaften. (Vgl. Anhang IV.9)

Um einen groben Überblick über die Nutzung der Dienstleistungsprodukte zu erhalten, kann auch die Zahl der **Aktiv- und Passivkonten** als Indiz dienen, zumal sich darin in gewisser Weise das Sparverhalten der Bankkunden und das Kreditvergabeverhalten der Banken widerspiegelt. Die erwartete Passivlastigkeit der Geschäftsstruktur der Banken in den neuen Bundesländern hat sich jedoch als noch stärker als erwartet herausgestellt: 50 % der Banken verfügen über mehr als 30 000 Passivkonten, in dieser Kategorie finden sich 94 % der Sparkassen und 59 % der Kreditbanken, jedoch nur 14 % der Genossenschaftsbanken wieder. 28 % der Banken verfügen über 10 000 bis 20 000 Passivkonten, das betrifft 53 % der Genossenschaftsbanken. (Vgl. Anhang IV.10)

Dieser großen Zahl an Passivkonten stehen bei nur 33 % der Institute 10 000 Aktivkonten und mehr gegenüber, das betrifft 53 % der Kreditbanken und sogar 66 % der Sparkassen. Weitere 33 % aller Kreditinstitute weisen lediglich 4 000 bis 10 000 sowie 30 % weniger als 4 000 Aktivkonten aus. In die letzte Kategorie fallen 54 % der Kreditgenossenschaften. Mit der Darstellung der Struktur des Bankenmarktes in den neuen Bundesländern anhand unterschiedlicher Kenngrößen ist die Gleichverteilung und damit die Repräsentativität der Untersuchung hinreichend als gegeben dargestellt. (Vgl. Anhang IV.11)

Kapitel 4: Herkunft der Kreditinstitute als determinierende Variable

In den voranstehenden Kapiteln wurde bereits dargelegt, daß eine Unterscheidung der in den neuen Bundesländern geschäftstätigen Kreditinstitute nach ihrer Herkunft notwendig ist, um der eingangs formulierten Fragestellung der Untersuchung nachkommen zu können. Für die Berücksichtigung der besonderen Wettbewerbsverhältnisse eignet sich eine Differenzierung anhand der Zugehörigkeit zu einer Institutsgruppe (vgl. 2.B.II.).

Die im Rahmen der empirischen Analyse zu ermittelnden Abweichungen stehen in Abhängigkeit von der jeweiligen einzelwirtschaftlichen Zielsetzung und damit verbunden von der Rechtsform der Banken, d.h. die Betrachtung bezieht sich auf die wettbewerblichen Verhältnisse zwischen den Institutsgruppen **Großbanken, Regional- und sonstigen Kreditbanken** (im folgenden auch nur als Kreditbanken bezeichnet), **Sparkassen** und **Kreditgenossenschaften** (vgl. BÜSCHGEN 1995, S. 58; ESENWEIN-ROTHE 1959, S. 43 ff.; SÜCHTING 1992, S. 188; Statistiken der Deutschen Bundesbank). Mit Hilfe dieser Unterscheidung wird dadurch nicht nur die Vergleichbarkeit zwischen ost- und westdeutschen Banken ermöglicht, sondern auch zwischen den ostdeutschen Sparkassen und Kreditgenossenschaften.

A. Managementvorsprung der westdeutschen Kreditinstitute

Innerhalb der einzelnen Institutsgruppen zeigen sich relativ homogene Eigenschaften. Zwar zählen neben den Großbanken die Regionalbanken sowie die sonstigen Kreditbanken und Privatbankiers zu der Gruppe der Kreditbanken (im folgenden auch als **Westbanken** bezeichnet; vgl. SAUER 1974, S. 10), aufgrund ihrer privatwirtschaftlichen Rechtsform verfolgen sie jedoch erwerbswirtschaftliche Ziele (vgl. 1.B.II.a.χ.), weshalb die Kreditbanken für die vorliegende Betrachtung als einheitliche Gruppe zusammengefaßt werden können, auch wenn sich einzelne Institute in ihrer Betriebsgröße und der Ausdehnung des jeweiligen Geschäftsgebietes erheblich voneinander unterscheiden (vgl. KILGUS 1985, S. 89). Dieser Gruppe sind hauptsächlich die Banken zuzuordnen, die seit der Wirtschafts- und Währungsunion am 1. Juli 1990 ihre Geschäftstätigkeit in der ehemaligen DDR aufgenommen haben (vgl. KLEIN 1993, S. 32). Sie verfügen über langjährige Erfahrungen im Management von Kreditinstituten im bundesdeutschen Bankensystem.

B. Startbedingungen für die ostdeutschen Banken

Die beiden anderen Institutsgruppen umfassen mit den Sparkassen und Kreditgenossenschaften, im folgenden auch als Genossenschaftsbanken bezeichnet, Rechtsformen, die bereits in der DDR existierten und kreditwirtschaftliche Aufgaben übernommen hatten (**Ostbanken**). Deren Bankgeschäfte entsprachen den Vorschriften von § 1 II KWG, weshalb sie zum 1. Juli 1990 nicht direkt eine Erlaubnis zum Geschäftsbetrieb nach § 32 KWG benötigten, sondern aufgrund von Anpassungs- und Übergangsvorschriften ihre Geschäftstätigkeit fortsetzen konnten (vgl. KRAFFT 1992, S. 24). Sie verfügten zwar über die Kundenverbindungen, Geschäftsräume und Mitarbeiter, dafür fehlte die technische Ausrüstung und das bankbetriebliche know how eines marktwirtschaftlich organisierten Kreditinstituts.

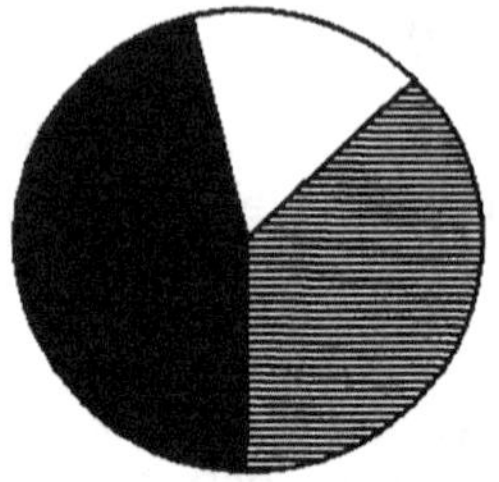

Abb. 11: Verteilung der Marktanteile nach Geschäftsvolumen 1996. Quelle: Datenbank für Wirtschaftsdaten (http://www.dbd.de), Mai 1997.

Abbildung 11 gibt einen Überblick über die Verteilung der Marktanteile in der gesamten Bundesrepublik, basierend auf den Geschäftsvolumina von 1996. Die Darstellung der Universalbankenlandschaft anhand von Einlagen- oder Kreditgeschäftsgrößen verändert die Struktur nur unwesentlich (vgl. BÖRNER 1996, S. 40; zur Problematik der Marktanteilsanalyse vgl. OXENFELDT 1959, S. 59 ff.).

C. Ausgangshypothesen für die empirische Analyse

Faßt man einen Bankbetrieb als ein System auf (**systemorientierter Bankbegriff**; vgl. 0.B.), so ist eine Betrachtung von Institutsgruppen als übergeordnetes System (Supersystem) zulässig und sinnvoll. Damit können sowohl die Beziehungen zur Umwelt als auch das Bankmanagement, insbesondere Führung und Marketing, als Systemelemente getrennt analysiert werden (vgl. dazu auch EILENBERGER 1975, S. 33 ff.). Bevor in den folgenden Kapiteln den einzelnen Untersuchungssegmenten Zielbildung, Führung und Marketing nachgegangen wird, erfolgt die Aufstellung von Ausgangshypothesen für die Untersuchung, d.h. von Hypothesen für den Untersuchungsgegenstand Bankmanagement einerseits und den Systemzusammenhang andererseits (vgl. 2.B.):

Systemhypothese:

> *Die in der Analyse berücksichtigten Managementsubsysteme Zielbildung, Führung und Marketing stehen in Zusammenhang und beeinflussen sich gegenseitig.*

In Zusammenhang mit der Systemhypothese und dem formalen Konzept über das Bankmanagement kann zunächst eine pauschale Hypothese aufgestellt werden:

Starthypothese:

> Mit dem Aufbau des Bankwesens in den neuen Bundesländern waren alle Kreditinstitute gezwungen, ein leistungsfähiges Management zu etablieren, das zur Bewältigung aller anstehenden Probleme dient.

In den bisherigen Ausführungen wurde deutlich, daß die Herkunft der Kreditinstitute die Untersuchung determiniert. Ost- und westdeutsche Kreditinstitute hatten unterschiedliche Ausgangsbedingungen. Daher muß die Starthypothese für die weitere Untersuchung wie folgt unterteilt und präzisiert werden:

Starthypothese für Westbanken:

> Die aus dem alten Bundesgebiet in den neuen Bankenmarkt eingetretenen Großbanken, Regional- und sonstigen Kreditbanken können auf langjährige Managementerfahrungen aufbauen, sie nutzen die zur Verfügung stehenden Instrumente in vollem Umfang und sehen sich keinen in Zusammenhang mit dem Engagement in den neuen Bundesländern stehenden Problemen gegenüber.

Starthypothese für Ostbanken:

> Ostdeutsche Kreditinstitute nutzen nur in geringem Umfang Managementinstrumente und haben insgesamt in den betrachteten Managementsubsystemen Zielbildung, Führung und Marketing Probleme zu bewältigen.

5. Kapitel: Schlüsselbereiche des strategischen Managements

Die Kreditinstitute in den neuen Bundesländern nach den Bereichen mit den wichtigsten Schlüsselproblemen befragt, weisen primär Schwierigkeiten bei der Zielsetzung insgesamt auf. Die Tragweite einer unklaren bankbetrieblichen Zielsetzung für den Gesamterfolg, die Wirkung auf den Geschäftsablauf in sämtlichen Managementsubsystemen und die damit verbundene Problematik wird in der folgenden Diskussion der Untersuchungsergebnisse noch verdeutlicht.

A. Bankbetriebliche Ziele und damit verbundene Probleme

I. Hypothesen

Für das erste untersuchte Managementsubsystem Zielbildung bzw. strategisches Management kann die Systemhypothese aus Kapitel 4.C. wie folgt konkretisiert werden:

Zielbezogene Systemhypothese:

> *Eine undeutliche bankbetriebliche Zielsetzung wird in sämtliche Managementsubsysteme hineingetragen und äußert sich dort in Problemen.*

Die für ost- und westdeutsche Kreditinstitute getroffenen Ausgangsannahmen lassen sich für den ersten Untersuchungsschritt, der sich dem strategischen Management widmet, genauer beschreiben:

Zielbezogene Schlüsselhypothese für Westbanken:

> Die aus den alten Bundesländern in den neuen Bankenmarkt eingetretenen Großbanken, Regional- und sonstige Kreditbanken weisen eine klare Zielsetzung auf und haben daher keine zielbezogenen Schlüsselprobleme.

Zielbezogene Schlüsselhypothese für Ostbanken:

> Die in den neuen Bundesländern bereits ansässigen Sparkassen und Kreditgenossenschaften haben große Probleme bei der Definition eindeutiger bankbetrieblicher Ziele.

II. Prüfbefunde

In Anlehnung an das in 2.B. vorgestellte formale Konzept des Bankmanagements erfolgt in diesem Kapitel eine Auswertung der zentralen Problembereiche. Der erste Untersuchungsgegenstand bildet der Problembereich q_1: Zielsetzung im Bankbetrieb. Jedem Subproblembereich q_{1j} wird ein Wert s zugewiesen. Dieser ergibt sich aus der für das einzelne Kreditinstitut I angegebenen Bedeutung von q_{1j} für den jeweiligen Bankbetrieb. Das Skalenniveau für diesen

Analysebereich ist zwar ordinalskaliert, in der empirischen Sozialforschung besteht jedoch die Möglichkeit, durch die Zuordnung von Punktwerten zu den einzelnen Ausprägungen der ordinalskalierten Variablen multivariate Analysemethoden anwendbar zu machen.

Das Punktbewertungsverfahren, auch als Scoring-Verfahren bezeichnet, sieht i.d.R. eine Vergabe von mindestens 0 und maximal 10 Punkten vor. Damit werden die ordinalskalierten Daten in kontinuierliche, intervallskalierte Werte transformiert, die Restriktionen für die Anwendbarkeit multivariater Operationen aufgehoben (vgl. SCHIERENBECK 1989, S. 140 ff.). Für die näher zu analysierenden Fragen nach Schlüsselproblemen werden die Einschätzungen als sehr wichtig mit 9 Punkten, als unwichtig bezeichnete Subproblembereiche mit nur einem Punkt bewertet. Dazwischen liegende Einschätzungen werden im Abstand von 2 bewertet (vgl Anhang IV). Die statistischen Auswertungen wurden mittels SPSS (Superior Performance Software System) für Windows Version 6.1.3 durchgeführt. (Zur Problematik von Punktbewertungsverfahren und der Durchführung von Sensitivitätsanalysen vgl. SIEG 1994, S. 163 ff.; WEBER/ KRAHNEN/ WEBER 1995, S. 1621 ff.)

Die Bildung von Mittelwerten für die einzelnen Subproblembereiche q_{1j} erfolgt durch die Multiplikation der zugeordneten Punktwerte mit der Zahl der jeweils angegebenen Antworten (vgl. Anhang VI) dividiert durch die Gesamtzahl der antwortenden Banken. Dadurch kann die entsprechende Bedeutung p_{1j} zugewiesen werden. Zur Darstellung der Unterschiede zwischen ost- und westdeutschen Kreditinstituten erfolgt eine Unterscheidung nach den Institutsgruppen, wobei diese anschaulich als Profile mit den jeweiligen Ausprägungen dargestellt werden (zu den Ergebnissen im einzelnen vgl. Anhang IV). Die im Rahmen der Diskussion der einzelnen Subproblembereiche p_{1j} getroffenen Aussagen werden durch die Darstellung der Ergebnisse der Diskriminanzanalysen d_1^p am Ende des Abschnitts verdeutlicht. Dabei finden alle Subproblembereiche p_{1j} Berücksichtigung und eine generelle Aussage über die Unterschiede zwischen Ost- und Westbanken sowie zwischen den Ostbanken selbst und zwischen den einzelnen Institutsgruppen im betrachteten Problembereich p_1 ist ermöglicht. (Zum Aussagegehalt der einzelnen Ergebniswerte vgl. 2.B.III.; Erläuterungen vgl. Anhang V.)

Den ersten betrachteten Subproblembereich bildet die **Zielsetzung** (zur bankbetrieblichen Zielsetzung vgl. 1.B.II.a.). Dieses allgemein formulierte, insbesondere auf die Oberziele bezogene Problem betrifft die Sparkassen und Kreditgenossenschaften in etwas größerem Ausmaß als die Westbanken. Die Ostbanken mußten in den vergangenen Jahren mehr Energie für die Anpassung des laufenden Geschäftsbetriebs an die neuen Anforderungen verwenden, die Erarbeitung von wegweisenden Oberzielen blieb sekundär. Daß die Kreditbanken diese Problematik für sich auch als wichtig einstufen, überrascht, zumal einerseits angenommen werden kann, daß bei überregional tätigen Kreditinstituten die Zielsetzung von der Unternehmungszentrale vorgegeben wird. Andererseits sollten sich diese Institute, basierend auf der langjährigen Geschäftserfahrung, über den Einfluß sozio-demographischer Besonderheiten auf den Absatz von Bankleistungen bewußt sein, diese auf ihre Konformität mit den bisherigen Bankbetriebszielen hin überprüfen und ggf. die Ausrichtung des Geschäftsbetriebs überdenken. Da die Banken in den neuen Bundesländern sich größtenteils über die einzelne Zielsetzung nicht im klaren sind, kann sich das Management nur auf eine unsichere Grundlage stützen (vgl. 1.B.II.b.).

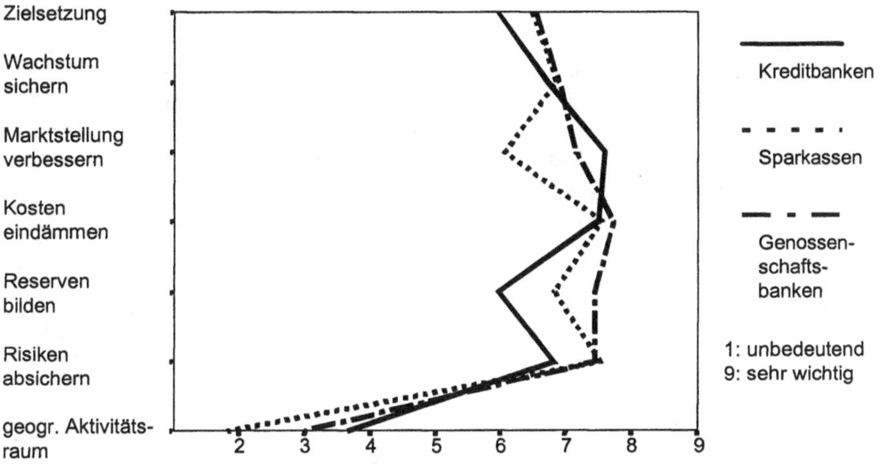

Abb. 12: Zielbezogene Schlüsselprobleme. (Vgl. Anhang IV.12)

Ergänzend liegen den Banken im Untersuchungsgebiet verschiedene Markt- und Sicherheitsziele, die das jeweilige bankbetriebliche Oberziel fördern und sich teilweise gegenseitig bedingen, als weitere Subproblembereiche zur Beurteilung vor (vgl. Anhang III). Alle Institute schätzen in gleichem Umfang die **Sicherung des Wachstums** als problematisch ein. Verglichen mit den anderen zur Auswahl gestellten Zielen nimmt dieses allgemein gehaltene und für wichtig befundene Wachstumsziel jedoch nur mittleren Rang ein. Allgemein strebt jede marktwirtschaftlich orientierte Unternehmung nach einem bestimmten Maß an Wachstum, primär um im Sinne eines Gleichgewichtswachstums den Geschäftsbetrieb zu erhalten. Daß dieses Ziel von vielen Banken tatsächlich auch angestrebt wird, zeigt sich in der weiteren Betrachtung des Bankmanagements.

Die eigene **Marktstellung** zu **verbessern** sehen die Banken im Untersuchungsgebiet, erwartungsgemäß, als unterschiedlich dringendes Problem an. Besonders wichtig wird dieses Schlüsselprobem von den Kreditbanken eingestuft und erhält damit vorrangige Dringlichkeit. Wie in Kapitel 2 bereits angeklungen, verwundert diese Einschätzung nicht, zumal die westdeutschen Kreditbanken in einen bereits von den in der DDR geschäftstätigen Instituten besetzten Bankenmarkt eintraten und damit die Kundenakquisition aus deren Kundenkreis vornehmen müssen. Die Sparkassen halten nach wie vor den größten Marktanteil, der auch den Anteil der Sparkassen in den alten Bundesländern übertrifft. Es ist den Großbanken, Regional- und sonstigen Kreditbanken bislang nicht gelungen, ihre bundesweite Marktstellung durch die Akquisition weiter Kundenkreise in Ostdeutschland insgesamt zu verbessern.

Für die Sparkassen stellt folglich die Verbesserung der Marktstellung nur ein Schlüsselproblem mittlerer Bedeutung dar. Sie verfügen über einen breiten Kundenstamm und müssen eher auf dessen Pflege sowie auf die Berücksichtigung einzelner erfolgversprechender Kundensegmente, z.B. junge Kunden, achten. Die Kreditgenossenschaften betrachten die Verbesserung der Marktstellung zwar als wichtiges Problem, dieses nimmt aber verglichen mit den anderen zielbezogenen Schlüsselproblemen nur nachrangige Stellung ein. Die Genossenschaftsbanken verfügen, analog zu den Sparkassen, langjährig über Geschäftsräume und Kundenstamm. Als Kreditinstitute, die sich für die Versorgung der Bevölkerung, von kleinen Betrieben und Selbständigen auch in ländlichen Regionen geschäftlich engagieren, fehlt ihnen letztlich zum Teil der Handlungsspielraum um auf Verbesserung der Marktstellung zu drängen. Insgesamt spiegeln sich die Unterschiede in der Marktstellung in der Einschätzung von Marktzielen wider, d.h. Marktdaten finden in die jeweilige Zielsetzung Eingang.

Einen weiteren wesentlichen Bereich stellen die Sicherheitsziele dar. Für alle Banken in den neuen Bundesländern ist die **Kosteneindämmung** wichtigstes Schlüsselproblem und erhält somit von allen Institutsgruppen in gleichem Maß vorrangige Bedeutung. Die Kreditgenossenschaften schätzen diese Aufgabe noch etwas wichtiger ein als Sparkassen und Kreditbanken. Dahinter stehen einerseits die geringe Unternehmungsgröße der Genossenschaftsbanken und andererseits deren rechtliche Selbständigkeit. Kreditgenossenschaften können zwar auf Unterstützung seitens ihrer Verbände zurückgreifen, bleiben aber aufgrund ihrer rechtlichen Selbständigkeit für ihr geschäftliches Handeln in vollem Umfang selbst verantwortlich, d.h. sie müssen sämtliche eingegangenen Risiken selbst tragen können.

Hinzu kommt, daß sie verglichen mit den ebenfalls rechtlich selbständigen Sparkassen eine geringere Geschäftsgröße aufweisen, viele personal- und damit kostenintensive Geschäftsstellen im ländlichen Raum unterhalten, aufgrund ihres Förderauftrags jedoch nur erschwert Rationalisierungsmöglichkeiten zur Verfügung stehen. Für die Sparkassen liegt die Dringlichkeit der Kostenproblematik analog in der rechtlichen Selbständigkeit und der damit verbundenen Verantwortung für die eingegangenen Verbindlichkeiten. Aus dieser Perspektive betrachtet, verwundert es, daß die Großbanken, Regional- und sonstigen Kreditbanken in selbem Maß über einen hohen Kostendruck klagen.

Unter der Gruppe der Kreditbanken befinden sich überwiegend überregional geschäftstätige Institute mit wesentlich umfangreicheren Unternehmungsgrößen, deren Geschäftsgebiet sich zudem nicht allein auf die neuen Bundesländer beschränkt. Die Kostenproblematik muß daher unter einem anderen Aspekt betrachtet werden: Einerseits steht unternehmerische Größe nicht unbedingt für hohes Rationalisierungspotential. Wissenschaftliche Studien, die die Bestimmung optimaler Geschäftsgrößen für Kreditinstitute zum Ziel hatten, mußten mehr oder weniger eingestehen, daß Erfolg, und damit verbunden Erlös- und Kostenseite, letztlich nicht in Abhängigkeit von der Betriebsgröße dargestellt werden kann (vgl. LANG/WELZEL 1995; SCHUSTER 1979, S. 13 ff.).

Bleibt andererseits die Vermutung, daß den Kreditbanken von zentraler Stelle nur ein begrenzter Kostenrahmen vorgegeben wird, den es einzuhalten gilt, und daß sich die Kosten in den neuen Bundesländern schwergewichtig auf andere Faktoren verteilen und in anderem Ausmaß ins Gewicht fallen als im alten Bundesgebiet. Dazu zählt beispielsweise der immense Investitionsaufwand, der mit der Einrichtung und technischen Ausstattung von Geschäftsstellen, der Rekrutierung von Mitarbeitern und deren Weiterbildung in Verbindung steht.

Insgesamt wird die Kostenreduktion von allen Institutsgruppen als wichtiges Schlüsselproblem bezeichnet. Im Rahmen der Erfolgsrechnung finden Kosten direkt in Kenngrößen Niederschlag, sie beeinflussen über den Gewinn Rentabilitätsindikatoren negativ. Hinsichtlich der Nebenbedingung Liquidität müssen sämtliche anfallenden Kosten jederzeit in Höhe und Fälligkeit bekannt sein und gedeckt werden können. Kosten bilden somit einen zentralen Problembereich in der Bankunternehmung, der bei der Zielbildung in jedem Bankbetrieb unabhängig von der Rechtsform berücksichtigt werden muß.

Dem zielorientierten Schlüsselproblem **Bildung von Reserven** kommt bei den einzelnen Institutsgruppen erwartungsgemäß in unterschiedlichem Maß Bedeutung zu. Für Kreditbanken stellt die Reservenbildung ein weniger wichtiges Problem dar. Sie sind zumeist überregional tätig, die betriebswirtschaftliche Lenkung obliegt überwiegend den Bankzentralen. In Zusammenhang mit der Frage nach Führungsinstrumenten wird sich zeigen, ob die Regionalniederlassungen der Großbanken, Regional- und sonstigen Kreditbanken von der Unternehmungsleitung Vorgaben erhalten, die die Bildung von Reserven für die Gesamtunternehmung einschließen.

Im Rahmen der Währungsunion vom 1. Juli 1990 mußten die bereits in der DDR geschäftstätigen Banken eine DM-Eröffnungsbilanz erstellen, im Zuge dessen zwar die Bildung eines ausreichend hohen Eigenkapitals vorgesehen war, zur Bildung von stillen Reserven bestand jedoch keine Möglichkeit. Für die rechtlich selbständigen Ostbanken ist es jedoch unabdingbar, stille Reserven für latente Risiken insbesondere des Kreditgeschäfts zu bilden. Zudem unterwerfen rechtliche Regelungen den Umfang der Geschäftstätigkeit der Höhe der

Eigenmittel. Die Sparkassen empfinden daher die Reservenbildung als wichtiges, die Kreditgenossenschaften sogar als sehr wichtiges Problem. Beide Institutsgruppen haben somit einerseits mit den Folgen der Währungsumstellung zu kämpfen und andererseits sind sie bemüht, den einzelnen rechtsformbedingten Ansprüchen gerecht zu werden. Daß Genossenschaftsbanken von der Reservenbildung stärker betroffen sind als die Sparkassen, ist überwiegend der geringeren Geschäftsgröße zuzuordnen.

Ein ebenfalls für die ostdeutschen Banken wichtiges Schlüsselproblem stellt die **Absicherung von Risiken** dar. Betroffen sind insbesondere der Wert- und der Betriebsbereich: Im Wertbereich treten Risiken insbesondere in Zusammenhang mit Erfolg, Liquidität oder dem Ausfall von Schuldnern auf. Im Betriebsbereich bestehen überwiegend in technischen Angelegenheiten, ablaufbedingte und mit Mitarbeitern verbundene Risiken. Wie in obiger Ausführung bereits diskutiert, haben Sparkassen und Kreditgenossenschaften aufgrund ihrer rechtlichen Selbständigkeit die eingegangenen Risiken selbst zu verantworten. Sie können zwar von ihren Verbänden Unterstützung erhalten, diese beschränkt sich jedoch überwiegend auf Beratungen. D.h. die eingegangenen Risiken müssen die Banken selbst tragen können.

Für die Kreditbanken stellt die Risikoabsicherung ein nachrangiges Problem dar. Einerseits können überregional tätige Großbanken, Regional- und sonstige Kreditbanken mit größeren Risiken verbundene Entscheidungen leicht auf die einzelnen Zentralen abwälzen. Andererseits können sie auf langjährige Erfahrungswerte des Managements in den Zentralen zurückgreifen, technisches und personelles know how nutzen sowie im Rahmen der einzelnen Entscheidungsbefugnisse Risiken vorausschauend absichern.

Insgesamt stellen die Sicherheitsziele die wichtigsten Schlüsselprobleme der ostdeutschen Banken dar. Sie tangieren existentielle Bereiche der Institute und müssen hinsichtlich wichtiger betrieblicher Nebenbedingungen unbedingt berücksichtigt werden, um den Geschäftsbetrieb dauerhaft zu erhalten. Nur wenn Sicherheitsziele regelmäßig eingehalten werden, können weitere Ziele avisiert werden.

Die **Ausdehnung des geographischen Aktivitätsraums** schließlich stellt für alle Banken kein Problem dar (zur Standortthematik vgl. 1.B.IV.b.δ.). Eine besonders nachrangige Position nimmt dieser Aspekt bei den Sparkassen ein. Sie besitzen ein ausgedehntes Filialnetz, das sie im Rahmen der Fortführung der Geschäftstätigkeit als Sparkassen übernehmen konnten. Im Zuge der Bildung rationeller Betriebsgrößen befinden sich sämtliche Sparkassen in den neuen Bundesländern in einem Konzentrationsprozeß. Durch Fusion mit benachbarten Sparkassen werden die Sparkassenstrukturen den regionalen Stadt- und Landkreisstrukturen angepaßt. Im Einklang dazu sehen sich viele Sparkassen gezwungen, den Standort sämtlicher Filialen zu überdenken, deren

Wirtschaftlichkeit zu überprüfen und gegebenenfalls das Filialnetz zu verändern.

Auch für die Kreditgenossenschaften in den neuen Bundesländern stellt die geographische Ausdehnung des Geschäftsgebiets kein Problem dar. Im Genossenschaftssektor werden zahlreiche Fusionen vorgenommen. Das Filialnetz besteht analog zu den Sparkassen ebenfalls schon lange. Viele Geschäftsstellen der Kreditgenossenschaften befinden sich im ländlichen Raum. Hinsichtlich des Förderungsauftrags ist es teilweise nicht möglich, diese kostenintensiven Filialen den Wirtschaftlichkeitsüberlegungen zu unterwerfen.

Die westdeutschen Kreditbanken konnten nur teilweise Personal und Geschäftsräume bei ihrem Eintritt in den Bankenmarkt der neuen Bundesländer übernehmen. Überwiegend befinden sich deren Geschäftsstellen in ausgesuchten Orten an ausgesuchten Plätzen. Darin widerspiegelt sich der Erfahrungsvorsprung durch die langjährige Geschäftstätigkeit im alten Bundesgebiet. Studien, die Kriterien zur Bestimmung von Filialstandorten auflisten, unterstützen die Standortbestimmung. Die Kreditbanken scheinen einerseits mit der jeweiligen Standortwahl zufrieden zu sein und andererseits nur selten über eine weitere Ausdehnung des Geschäftsgebiets nachzudenken. In 7.B.I. wird diese Überlegung durch die Analyse der Kriterien, die Anwendung bei der Kundensegmentierung finden, verstärkt.

	Ostbanken vs. Westbanken	Sparkassen vs. Kreditgenossenschaften	Kreditinstitutsgruppen (1. Funktion)	Kreditinstitutsgruppen (2. Funktion)
Eigenvalue	0,2436	0,2329	0,3103	0,1217
Wilks' Lambda	0,804108	0,811117	0,680383	0,891499
Signifikanz	0,0000	0,0002	0,0000	0,0035
Korrekte Klassifizierung in %	76,57	71,63	59,43	

Tab. 5: Signifikanter Unterschied der mittleren Werte der Diskriminanzfunktionen für zielbezogene Schlüsselprobleme.

Hinsichtlich der zielbezogenen Schlüsselprobleme lassen sich insgesamt signifikante Unterschiede im Bankmanagement bei West- und Ostbanken feststellen (korrekte Unterscheidung anhand der Trennfunktion d_1^P zu 76,57 %): Während der Problemschwerpunkt bei den Großbanken, Regional- und sonstigen Kreditbanken überwiegend in marktorientierten bankbetrieblichen Zielen liegt, bereiten den Ostbanken Sicherheitsaspekte große Sorgen. Sie müssen primär auf die innere Stabilität zur Aufrechterhaltung des Geschäftsbetriebs achten. Es zeichnet sich aus diesen ersten Ergebnissen bereits ab, daß Sparkassen und Kreditgenossenschaften fast sechs Jahre nach der Einführung des marktwirtschaftlichen Bankmanagements noch mit umstellungsbedingten Problemen konfrontiert sind. Unterschiede zwischen Sparkassen und Kreditgenossenschaften (d_1^p liefert 71,63 % korrekte Klassifizierung) lassen sich überwiegend durch die rechtsformbedingten Ziele und mit der unterschiedlichen Geschäftsgröße begründen.

Hinsichtlich der eingangs aufgestellten Hypothesen läßt sich zusammenfassen, daß sich die zielbezogene Schlüsselhypothese für Ostbanken bestätigt hat. Sie haben große Probleme bei der Definition von bankbetrieblichen Oberzielen. Die zielbezogene Schlüsselhypothese für Westbanken muß jedoch verworfen werden: Die aus den alten Bundesländern dazugekommenen Groß-, Regional- und sonstigen Kreditbanken haben ebenfalls bei der Definition einer Zielsetzung Probleme, der Schwerpunkt liegt jedoch bei marktorientierten Zielen, was den Unterschied zwischen Ost- und Westbanken ausmacht. Für die Verfolgung der zielbezogenen Schlüsselprobleme kann an dieser Stelle festgehalten werden, daß alle Banken Probleme bei der Definition eindeutiger bankbetrieblicher Oberziele haben.

B. Führungsbedingte Schwierigkeiten im Bereich der Personal- und Informationspolitik

I. Hypothesen

Basierend auf den in 1.A.I. festgestellten unterschiedlichen Ausgangsbedingungen für ost- und westdeutsche Kreditinstitute im Bankenmarkt der neuen Bundesländer können für den nächsten betrachteten Problembereich folgende Ausgangsannahmen getroffen werden:

Führungsbezogene Schlüsselhypothese für Westbanken:

> In den Groß-, Regional- und sonstigen Kreditbanken im Untersuchungsgebiet ist eine funktionierende Führung von Bankbetrieb und Mitarbeitern etabliert, es treten keine damit in Zusammenhang stehenden Probleme auf.

Führungsbezogene Schlüsselhypothese für Ostbanken:

> Ostdeutsche Kreditinstitute weisen erhebliche Probleme im Führungsbereich und in der Personalführung auf.

II. Prüfbefunde

Im folgenden Untersuchungsschritt findet der Subproblembereich q_2: Führung von Bankbetrieb und Mitarbeitern Berücksichtigung. Die Auswertung erfolgt analog zum vorhergehenden Abschnitt 5.A.II. Untersuchungsgegenstand bilden nun Probleme, die im Personal- und Führungsbereich sowie im Informationsmanagement auftreten. Die Kreditinstitute im Untersuchungsgebiet messen alle im selben Maß der **Personalpolitik** große Bedeutung bei, das Schlüsselproblem wird von allen als wichtig eingestuft. Daher wird eine detailliertere Betrachtung der Problemschwerpunkte im Personalbereich notwendig. Ergänzend gibt Kapitel 6 vertiefend Aufschluß durch die Darstellung der zur Anwendung kommenden Führungsinstrumente.

Ein problembehafteter Aspekt ist die **Erhöhung der Leistungsfähigkeit der Mitarbeiter**. Alle Banken in den neuen Bundesländern bezeichnen diesen Punkt im selben Umfang als problematisch. Die Mitarbeiterleistung hängt in hohem Maß von deren Qualifikation, ihrer Motivation und damit verbunden auch von regulativen Vorgaben, eingeräumten Entscheidungs- und Handlungsspielräumen sowie den entsprechenden Kompetenzen ab. Da alle Kreditinstitute Unzufriedenheit mit der Leistung der Mitarbeiter angeben, muß daraus geschlossen werden, daß die Rahmenbedingungen für eigenverantwortliches, zielunterstützendes Handeln der Mitarbeiter, die auch bei Kreditbanken größtenteils lokal rekrutiert wurden, nur unzureichend gegeben sind. Dieser Bereich bedarf im folgenden genauerer Betrachtung.

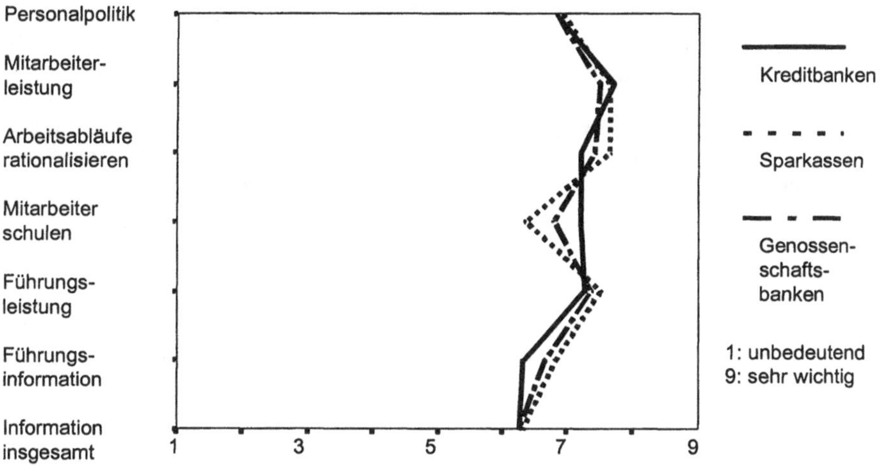

Abb. 13: Führungsbezogene Schlüsselprobleme. (Vgl. Anhang IV.13)

Verbunden mit der Mitarbeiterleistung ist der Aspekt der **Arbeitsabläufe**. Auch hierin sehen alle Banken ein wichtiges Schlüsselproblem. Das überrascht insofern als angenommen werden kann, daß die Kreditbanken von ihren westdeutschen Leitungszentralen Organisationsstrukturen adaptieren können, die auf langjähriger Erfahrung beruhen und einen optimalen Arbeitsablauf versprechen. Diese Annahme trägt jedoch nur wenig zur Erklärung dieses Untersuchungsergebnisses bei, zumal bei Sparkassen und Kreditgenossenschaften Mängel in der Organisationsstruktur angenommen werden müßten. Beides führt jedoch kaum zu einer übereinstimmenden Einschätzung der Problemlage.

Die Ursachen für die Schwierigkeiten mit rationellen Arbeitsabläufen sind vielmehr in dem allgemeinen Wandel, dem das Bankwesen derzeit unterliegt, zu suchen. Darin eingeschlossen sind Veränderungen, die mit zunehmender Automatisierung und Standardisierung bestimmter Bankleistungen einhergehen. In zunehmendem Maße bieten Kreditinstitute Standardleistungen zur Selbstbedienung oder im Rahmen des Telefonbanking an (vgl. 1.B.IV.b.δ.). Wird diese Vertriebsform bestimmter Bankprodukte von den Kunden angenommen, erschließt sich für die Bankbranche ein großes Rationalisierungspotential. Auf dem Weg dahin sind jedoch noch zahlreiche Veränderungen struktureller Art vorzunehmen: Hinsichtlich der Besonderheiten von Bankleistungen kommt vor allen Dingen der Beratungsleistung neue Bedeutung zu. Die Bankmitarbeiter, die derzeit in engem Kundenkontakt stehen, sind überwiegend als Generalisten ausgebildet. Zukünftig wird es jedoch notwendig sein, für nicht automatisierbare Leistungen Spezialisten bereitzuhalten, die für einzelne Bankprodukte qualifizierte Beratung anbieten können. Da Beratungsleistungen nicht lagerbar sind, ist damit unweigerlich das Problem der Kapazitätsauslastung verbunden. Dem Hintergrund der Rationalisierung der Arbeitsabläufe soll in der folgenden Untersuchung nicht weiter nachgegangen werden, da es kein spezifisches Problem des Bankmanagements in den neuen Bundesländern darstellt und für alle Institutsgruppen im selben Umfang relevant ist.

In der **Schulung der Mitarbeiter** sehen die Sparkassen ein weniger wichtiges Problem. Das überrascht insofern als das Personal größtenteils aus dem Pool der bereits in der DDR in den Sparkassen tätigen Mitarbeitern übernommen wurde. Das kann einerseits als Hinweis auf eine frühzeitig eingeleitete, erfolgreiche Weiterbildung der Mitarbeiter in einem marktwirtschaftlich orientierten Bankwesen interpretiert werden. Andererseits stellt die Weiterbildung vermutlich deshalb kein dringendes Problem dar, weil mit Unterstützung und durch das Angebot der Verbände ausreichend adäquate Schulungs- und Weiterbildungsmöglichkeiten bestehen. Ähnliches kann für die Kreditgenossenschaften gesagt werden.

Daß für die Kreditbanken die Mitarbeiterschulung ein wichtiges Schlüsselproblem darstellt, konnte im Gegenzug insofern erwartet werden, als auch sie Mitarbeiter überwiegend aus den lokalen Bereichen rekrutiert haben, die Auswahl unter den Fachkräften aufgrund der Weiterbeschäftigung in Sparkassen und Genossenschaftsbanken jedoch gering war. Zudem können sie aufgrund der regionalen Präsenz, die im Vergleich zu den Ostbanken gering ist, nur mit erheblichem Aufwand eigene Weiterqualifizierungsmaßnahmen anbieten, hier finden überwiegend überregionale Schulungen, die von den westdeutschen Führungszentralen angeboten werden, Anwendung.

Zusammenfassend läßt sich für die Schlüsselproblematik im Personalbereich festhalten, daß erstens die Schulung der Mitarbeiter kein dringendes Problem darstellt und somit deren Qualifikation hinreichend ist. Zweitens beeinflussen

Organisationsstrukturen den Geschäftsbetrieb in nicht unerheblichem Maße, hinsichtlich des Untersuchungsgegenstandes Bankmanagement in den neuen Bundesländern kommt diesen jedoch kein erklärender Einfluß auf die zwischen Ost- und Westbanken bestehenden Unterschiede zu. Da im Personalbereich jedoch Probleme bestehen und auch Unzufriedenheit mit der Leistungsfähigkeit der Mitarbeiter angegeben wird, muß diese Problematik vor dem Hintergrund von Führungstätigkeiten betrachtet werden. In Kapitel 6 erfolgt eine detaillierte Untersuchung der eingesetzten Führungsinstrumente sowie die erneute Frage nach Führungsproblemen. Zur Sensibilisierung für diese Problematik erfolgt zunächst noch eine Betrachtung von Schlüsselproblemen im Führungsbereich.

Die **Erhöhung der Leistungsfähigkeit der Führungskräfte** stellt bei allen Kreditinstituten ein dringendes, mit der Mitarbeiterleistung gleichrangiges Problem dar. In allen Institutsgruppen wird die Erfüllung der den Führungskräften anvertrauten Arbeiten als nicht zufriedenstellend eingestuft. Ursächlich können hierfür verschiedene Aspekte sein: Einerseits hängt Leistung von einer klaren Zielsetzung und eindeutig definierten Aufgabenbereichen ab, die, sofern sie unklar sind, wie es in dieser Betrachtung angenommen werden kann, unsicheres Handeln verursachen. Andererseits kommen Führungskräften in verstärktem Maß Aufgaben der Informationsverarbeitung und Informationsweitergabe an die relevanten Bereiche in der Unternehmung zu. Verbunden mit der Versorgung nachrangiger Stellen mit Informationen ist die Verdeutlichung von Unternehmungszielen im Rahmen von Entscheidungen, die sich oft in Handlungsanweisungen an die Mitarbeiter ausdrücken. Die Weitergabe wird in der Regel durch den Einsatz von Führungsinstrumenten erleichtert. Kapitel 6 unterzieht deren Einsatz einer genaueren Betrachtung.

Das **Führungsinformationsproblem** wird von den Banken als eher wichtiges Problem eingestuft und ist damit weniger dringend als die anderen untersuchten führungsbezogenen Schlüsselprobleme. Führungsinformationen erreichen die Führungskräfte, die den Fragebogen in den regionalen Filialen der Kreditbanken beantwortet haben, sowohl im top down als auch im bottom up-Verfahren (vgl. 1.B.III.b.). Sie schätzen den Bereich als etwas weniger problematisch ein verglichen mit Sparkassen und Kreditgenossenschaften. Das kann auf die jahrelange Erfahrung im Aufbau eines Führungsinformationssystems, das in Einklang mit den Organisationsstrukturen steht, zurückgeführt werden. Die Problematik rührt somit eher von der Zurverfügungstellung relevanter, dem Bedarf entsprechend aufbereiteter Informationen und muß in Zusammenhang mit den Informationen im Bankbetrieb insgesamt betrachtet werden.

Für alle Institutsgruppen in den neuen Bundesländern bestehen insgesamt wichtige Schlüsselprobleme im Zusammenhang mit **Informationen**. Für das System Bankbetrieb sind sowohl interne als auch externe Informationen relevant. Interne Informationen setzen sich aus quantitativen und qualitativen Angaben zusammen (vgl. 1.B.IV.a.). D.h. die Daten sind einerseits aus dem internen Rechnungswesen, aus Statistiken über Konten, Saldi und Umsätze sowie aus Leistungen und Anforderungen ableitbar. Vermutlich bereitet den Banken im Untersuchungsgebiet bereits die interne Beschaffung entscheidungsrelevanter Informationen Probleme. Neben den Problemen mit der Führungsinformation ist die Versorgung der Mitarbeiter mit entscheidungsrelevanten Informationen, die insbesondere Angaben über den einzelnen, bankzielfördernden Handlungsrahmen beinhalten, fraglich. Dieser Aspekt findet in Kapitel 6 im Rahmen der Diskussion der zur Anwendung kommenden Führungsinstrumente Berücksichtigung.

Im externen Bereich sind insbesondere Angaben über den relevanten Bankenmarkt von Interesse (vgl. 0.C. und 1.A.), d.h. Angaben über Konkurrenten, potentielle und tatsächliche Kunden sowie deren Bedarf. Die Beschaffung der entsprechenden Informationen ist Aufgabe der Marktforschung und bildet einen Untersuchungsaspekt in Kapitel 7.

	Ostbanken vs. Westbanken	Sparkassen vs. Kreditgenossenschaften	Kreditinstitutsgruppen (1. Funktion)	Kreditinstitutsgruppen (2. Funktion)
Eigenvalue	0,0622	0,0392	0,0794	0,0144
Wilks' Lambda	0,941417	0,962251	0,913230	0,985770
Signifikanz	0,1790	0,6385	0,3613	0,8786

Tab. 6: Kein signifikanter Unterschied der mittleren Werte der Diskriminanzfunktionen für führungsbezogene Schlüsselprobleme.

Die Informationsproblematik wirkt sich auf die gesamte Unternehmung aus. Führungsleistung hängt in starkem Maß von den zur Verfügung stehenden, relevanten Daten ab. Die Führungsleistung selbst wirkt sich direkt auf die Leistungsfähigkeit der Mitarbeiter aus, die nur im Rahmen der ihnen zugeteilten Kompetenzen handlungsfähig sind. Insgesamt sind die im angesprochenen Problembereich p_2, die führungsbezogenen Schlüsselprobleme, für alle Institutsgruppen im Untersuchungsgebiet relevant, es bestehen keine signifikanten Unterschiede in deren Evaluierung (vgl. Ergebnisse aus d_2^p in Tabelle 6). Die vorangestellte führungsbezogene Schlüsselhypothese kann für Ostbanken aufrecht erhalten werden. Da Westbanken im selben Ausmaß Probleme im führungsbezogenen Schlüsselbereich aufweisen, erfolgt eine Verwerfung der für sie getroffenen Annahme. Daher ist eine genauere Analyse der Bereiche Führung und Marketing in den folgenden Abschnitten notwendig. Da die Problemschwerpunkte bei den Mitarbeitern, der Führung und dem Informationsbereich liegen, zeichnet sich bereits ein deutlicher Zusammenhang mit der Zielsetzungsproblematik ab, was für die Verfolgung der zielbezogenen Systemhypothese festgehalten werden kann.

C. Schlüsselprobleme im Rahmen des Marketingprogramms

I. Hypothesen

Hinsichtlich der Bearbeitung des Bankenmarktes in den neuen Bundesländern können die in Kapitel 4 getroffenen Annahmen für ost- und westdeutsche Kreditinstitute für den Marketingbereich wie folgt präzisiert werden:

Schlüsselhypothese im Marketingprogramm für Westbanken:

> Da Groß-, Regional- und sonstige Kreditbanken über fundierte Kenntnisse und Erfahrungen hinsichtlich eines Marketingprogramms verfügen, weisen sie diesbezüglich keine Probleme auf.

Schlüsselhypothese im Marketingprogramm für Ostbanken:

> Marktwirtschaftliches Denken ist für die ostdeutschen Kreditinstituten neu, weshalb die Gestaltung eines Marketingprogramms noch Schwierigkeiten bereitet.

II. Prüfbefunde

Betrachtungsgegenstand des folgenden Abschnitts bilden die Probleme im Managementbereich q_3: Marktorientierung im Bankbetrieb. Die Auswertung der Umfrageergebnisse erfolgt wiederum analog zu 5.A.II. Eine erste Betrachtung zeigt einen deutlichen Schwerpunkt im Bereich des Kundenkontakts. Für alle Banken bildet die **persönliche Bedienung** einen besonders wichtigen Problembereich. Aufgrund der Eigenschaften von Bankprodukten, diese sind abstrakt und daher erklärungsbedürftig sowie vertauensempfindlich (vgl. 0.B.), ist der persönliche Kontakt zwischen Bankmitarbeiter und Kunde besonders wichtig. Der Mitarbeiter bildet die Schnittstelle zwischen Bankunternehmung und Markt (vgl. 1.B.IV.). Einerseits entstehen Bankleistungen erst im direkten Kontakt mit dem Kunden, was die empfundene Qualität der Dienstleistung erheblich tangiert (vgl. 1.B.IV.). Andererseits bestehen gerade im direkten Kundenkontakt Cross-Selling-Möglichkeiten.

Auch hinsichtlich der angesprochenen Tendenz zur Automatisierung und Standardisierung von Bankleistungen erlangen Beratungsleistungen für Nicht-Standard-Produkte zunehmend an Bedeutung. Diese stellen einen Indikator für die Präferenz eines Kunden bezüglich eines Kreditinstituts gegenüber dessen Konkurrenten dar (vgl. 0.C.). Ebenso vorrangig werden die Schwierigkeiten eingeschätzt, die in Zusammenhang mit der **Kundenakquisition** bzw. der **Werbung** auftreten.

Diese gleichrangige Einschätzung überrascht insofern als ein Vergleich der Zufriedenheit mit der jeweiligen Marktstellung ergeben hat, daß die Sparkassen mit ihrer Position weniger Probleme haben als Kreditgenossenschaften oder gar Kreditbanken. Daraus läßt sich für die Sparkassen folgern, daß sie ihre derzeitige vorrangige Marktstellung nicht als langfristig gegeben betrachten, sondern sich durchaus dem Effekt von Kunden akquirierendem Verhalten bewußt sind und sich damit auseinandersetzen. Insbesondere hinsichtlich der künftigen Kundenstruktur und der Fortführung des Geschäftsbetriebs sind junge Menschen als potentielle Kunden langfristig attraktiv und durch zielgerichtete Maßnahmen zu akquirieren.

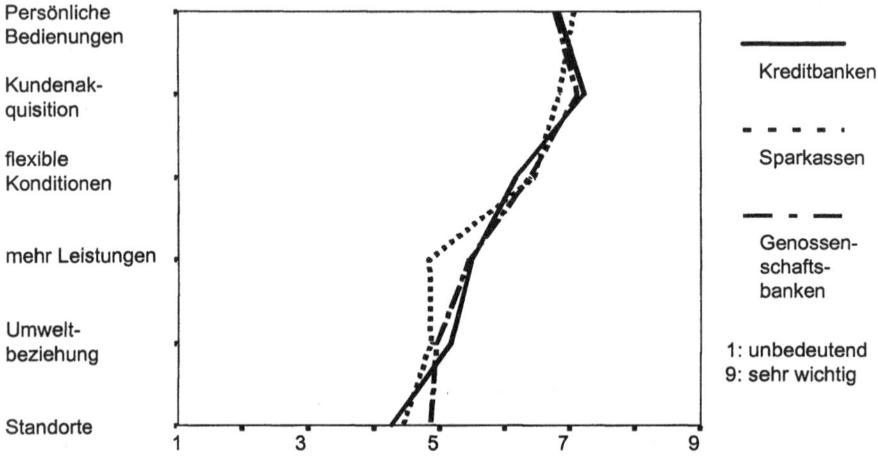

Abb. 14: Schlüsselprobleme bezüglich des Marketingprogramms. (Vgl. Anhang IV.14)

Alle Institutsgruppen scheinen sich darin einig zu sein, daß die Möglichkeiten der Werbung für akquirierende Maßnahmen genutzt werden können. Nachdem in früheren Jahren insbesondere Imagezwecke im Vordergrund standen - die Darstellung von Bankleistungen erschien zuweilen aufgrund der Abstraktheit als nur schwer möglich - dienen Werbemaßnahmen zunehmend zur Übermittlung von Informationen über das Dienstleistungsangebot (vgl. 1.B.IV.). Damit soll der Kundenbedarf angesprochen werden. Aufgrund der besonderen soziodemographischen Situation in den neuen Bundesländern dürften die im alten Bundesgebiet Anwendung findenden Werbemaßnahmen nicht vollständig ausreichend sein, worin die Problematik teilweise begründet liegt. In Kapitel 7 ist daher im Rahmen der Untersuchung der Marktbearbeitung eine eingehendere Betrachtung der vorrangigen Problematik im Kundenkontakt notwendig. Akquisitorische Maßnahmen dienen der Erweiterung des Kundenstamms und tragen damit zur Verwirklichung von Marktstellungs- und Wachstumszielen bei.

Ebenfalls von allen Institutsgruppen als wichtiges Problem eingeschätzt wird die **Flexibilität der Konditionen**. Konditionen stellen ein Entgelt bzw. einen Preis für die in Zusammenhang mit den in Anspruch genommenen bankbetrieblichen Leistungen entstandenen Kosten dar. Sie liefern daher einen direkten Beitrag zu bankbetrieblichem Erfolg. Problematisch ist grundsätzlich die Zurechnung fixer Kosten. Exemplarisch sei an die Personalkosten gedacht: Mitarbeiter stehen den Kunden während den Geschäftszeiten zur Erstellung von Bankleistungen zur Verfügung, unabhängig davon, ob diese Einzahlungen entgegennehmen oder Anlageberatung leisten. Die Kostenkalkulation im Bankbetrieb gestaltet sich diffizil, einzelne Positionen lassen sich nur schwer zurechnen, insbesondere ist eine verursachungsgerechte Kalkulation kaum möglich.

Damit verbunden ist schließlich die starre Struktur der Konditionen, die ein Monieren mangelnder Flexibilität zur Folge hat. Es handelt sich hierbei um kein für das Untersuchungsgebiet spezifisches Schlüsselproblem, weshalb die vorliegende Untersuchung diesen Aspekt im folgenden nicht weiter berücksichtigt (vgl. 1.B.IV.b.β.). Zugleich ist sein direkter Einfluß auf Sicherheitsziele erkennbar. Durch eine verursachungsgerechte Konditionengestaltung könnten Kosten den einzelnen Kunden in Verbindung mit der Inanspruchnahme von Dienstleistungen in Rechnung gestellt und Risiken durch entsprechende Aufschläge gedeckt bzw. auf den Dienstleistungsnachfrager abgewälzt werden.

Weniger wichtig ist das Schlüsselproblem **Ausweitung des Dienstleistungsangebots**, wobei dieses von Kreditbanken und Kreditgenossenschaften als etwas wichtiger beurteilt wird als von Sparkassen. Dieser Aspekt läßt sich in zwei Richtungen deuten. Einerseits wird es als nicht notwendig erachtet, das bestehende Dienstleistungsprogramm zu erweitern. Das liegt insbesondere in der Möglichkeit, einzelne Bankprodukte zu Dienstleistungspaketen zusammenzufassen, die sich entsprechend individueller Bedürfnisse gestalten lassen. D.h. den Banken liegt die Einschätzung nahe, durch die Variation von Dienstleistungspaketen zielgerichtet dem Kundenbedarf zu begegnen (vgl. 1.B.IV.b.α.). Welche Leistungsbereiche nach Einschätzung der Banken im Untersuchungsgebiet künftige Nachfrageschwerpunkte bilden und wie diese in Einklang mit dem für die neuen Bundesländer zu erwartenden Bedarf stehen, bilden den Untersuchungsgegenstand in 7.B.II. und 7.C.II.

Andererseits können Sparkassen und Kreditgenossenschaften zur Befriedigung der Nachfrage nach spezifischen, innovativen Produkten, die über die allgemein von ihnen angeboteten Produkte hinausgehen, auf die Unterstützung der Verbände zurückgreifen. Ihnen erwächst daraus kein wettbewerblicher Nachteil und die Neuproduktentwicklung kann leicht auf die Verbände verlagert werden, wodurch der normale Geschäftsbetrieb entlastet wird.

Insgesamt als weniger wichtiges Problem stellt sich die **Beziehung** der einzelnen Banken **zur Umwelt** dar. Die Einschätzung bringt die Tatsache zum Ausdruck, daß ein System Bankbetrieb in großem Maß von seiner Außenwirkung abhängig ist (vgl. 1.B.IV.b.ε.). Bankleistungen entstehen am Bankenmarkt, der sich wiederum dadurch auszeichnet, worin Kundenbedarf besteht und inwiefern dieser von der Bank selbst oder seinen Mitbewerbern gedeckt wird. Die Einschätzung dieses Umstands ist jedoch nicht für Schwierigkeiten ursächlich. Vielmehr rührt diese von der bereits angesprochenen Problematik der Informationsbeschaffung her. Das Umsystem stellt für ein Kreditinstitut nur dann einen Ungewißheitsfaktor dar, sobald hinreichende Kenntnis über einzelne Bereiche fehlt und zielfördernde Maßnahmen auf Ungewißheit beruhen.

Als nachrangig wird von allen Institutsgruppen das **Standortproblem** betrachtet. In Verbindung mit der Frage nach dem zielbezogenen Schlüsselproblem Ausdehnung des geographischen Aktivitätsraums war diese Einschätzung nicht anders zu erwarten, wobei hierbei vielmehr der Standort der Filialen gemeint ist. Wie oben bereits angesprochen hatten die Kreditbanken, sofern die Räumlichkeiten verfügbar waren, die Möglichkeit, mit Hilfe von Analyseverfahren optimale Standorte für die Gründung von Geschäftsstellen auszuwählen. Für sie hat die Standortproblematik noch etwas weniger Bedeutung als für Sparkassen und Kreditgenossenschaften. Bei ihnen kommt allenfalls nach Überprüfung der Filialstandorte eine Umstrukturierung des Filialnetzes in Betracht. (Vgl. 1.B.IV.b.χ. und δ.)

	Ostbanken vs. Westbanken	Sparkassen vs. Kreditgenossen-schaften	Kreditinstituts-gruppen (1. Funktion)	Kreditinstituts-gruppen (2. Funktion)
Eigenvalue	0,2444	0,0656	0,0523	0,0198
Wilks' Lambda	0,976203	0,938417	0,931805	0,980570
Signifikanz	0,6769	0,2151	0,4709	0,6619

Tab. 7: Kein signifikanter Unterschied der mittleren Werte der Diskriminanzfunktionen für Probleme bezüglich des Marketingprogramms.

Für die weitere Untersuchung läßt sich hinsichtlich des Marketingprogramms festhalten, daß insbesondere persönliche Bedienung und Beratung sowie die Kundenakquisition besondere Schlüsselprobleme darstellen. Diese Einschätzung wird von allen in den neuen Bundesländern geschäftstätigen Kreditinstituten in gleichem Maß vorgenommen, es bestehen keine signifikanten Unterschiede (vgl. Ergebnisse aus d_3^p in Tabelle 7). Bezüglich der vorangestellten Hypothesen kann somit die Schlüsselhypothese im Marketingprogramm für Ostbanken aufrecht erhalten bleiben, für die Westbanken muß sie jedoch verworfen werden, da sie im selben Maße Probleme in diesem Bereich p_3 aufweisen. In Kapitel 7 erfolgt darum eine genauere Betrachtung des Einsatzes von Marketinginstrumenten, die Segmentierung der Kunden wird den verfügbaren Marktdaten gegenübergestellt und in Zusammenhang mit der künftigen Bedeutung einzelner Dienstleistungen analysiert.

Zusammenfassend läßt sich bei der Betrachtung der Schlüsselprobleme der Banken in den neuen Bundesländern bereits der zirkuläre Zusammenhang zwischen den Managementelementen Zielsetzung, Führung und Marketing, der für die Verfolgung der zielbezogenen Systemhypothese notwendig ist, erkennen. Diese spezifizierte Systemhypothese beschreibt die Dominanz von p_1 gegenüber p_2 und p_3. Inwiefern diese Annahme zutrifft, kann erst nach der Diskussion aller Untersuchungsergebnisse eindeutig gesagt werden. Signifikante Unterschiede zwischen Ost- und Westbanken lassen sich nur hinsichtlich der zielorientierten Probleme feststellen: Während die Sparkassen und Kreditgenossenschaften primär mit den Sicherheitszielen Kosten, Risiken und Reservenbildung beschäftigt sind, denken die Kreditbanken überwiegend an die Verbesserung der eigenen Marktstellung. Im Führungsbereich haben jedoch alle Banken im ähnlichem Umfang Probleme, die insbesondere mit der Führungsleistung in Verbindung gebracht werden können. Daher ist eine Analyse des Einsatzes von Führungsinstrumenten und eine Betrachtung der Führungsprobleme im einzelnen angebracht (Kapitel 6).

6. Kapitel: Führung von Bankbetrieb und Mitarbeitern in den neuen Bundesländern

Im Rahmen der Betrachtung der Umfrageergebnisse hinsichtlich der Einschätzung von Schlüsselproblemen haben sich sowohl die Leistungsfähigkeit der Führung als auch die Leistungsfähigkeit der Mitarbeiter als problematisch erwiesen. Der folgende Abschnitt widmet sich der genaueren Analyse des Führungsbereichs in Zusammenhang mit der jeweiligen bankbetrieblichen Zielsetzung sowie hinsichtlich seiner Auswirkung auf den Marketingbereich. Dabei erfolgt zunächst eine detaillierte Betrachtung der zur Anwendung kommenden Führungsinstrumente.

A. Einsatz von Führungsinstrumenten zur Unterstützung des bankbetrieblichen Managements

I. Hypothesen

Das Managementsubsystem Führung bildet den Untersuchungsgegenstand des nächsten Abschnitts. Dabei wird zunächst der Einsatz von Managementinstrumenten in den Kreditinstituten näher betrachtet:

Führungsinstrumente-Hypothese für Westbanken:

> Groß-, Regional- und sonstige Kreditbanken nutzen sämtliche Führungsinstrumente in vollem Umfang.

Führungsinstrumente-Hypothese für Ostbanken:

> Ostdeutsche Kreditinstitute setzen die zur Verfügung stehenden Führungsinstrumente nur selektiv ein.

Es kann davon ausgegangen werden, daß die Banken, die bereits einen Geschäftsbetrieb in den neuen Bundesländern unterhalten haben, in den vergangenen Jahren in bestimmtem Umfang Managementinstrumente für sich nutzen. In der Kürze der Zeit finden Instrumente mit einem Wirkungshorizont bis zu einem Jahr aufgrund ihrer operativen Führungsfunktion und leichten Nachprüfbarkeit eher Anwendung. Daher läßt sich die Führungsinstrumente-Hypothese für Ostbanken wie folgt näher bezeichnen:

Langfristige Führungsinstrumente-Hypothese für Ostbanken:

> In den ostdeutschen Banken finden Führungsinstrumente mit langfristigem Wirkungshorizont nur allmählich Einzug.

Kurzfristige Führungsinstrumente-Hypothese für Ostbanken:

> Operative Führungsinstrumente finden in ostdeutschen Kreditinstituten bereits Anwendung.

II. Prüfbefunde

Analog zur Auswertung der Umfrageergebnisse in Kapitel 5 und unter Beachtung des in 2.B. vorgestellten formalen Konzepts des Bankmanagements erfolgt in diesem Kapitel eine Betrachtung des Managementelements e_2^f: Führung und damit der zum Einsatz kommenden Managementinstrumente. Jedem Managementsubelement e_{2j}^f wird ein Wert k zugewiesen. Dieser ergibt sich aus der für das einzelne Kreditinstitut I angegebenen Bedeutung von b_{2j}^f für den jeweiligen Bankbetrieb. Für die Quantifizierung der Bedeutung findet ebenfalls das Punktbewertungsverfahren Anwendung (vgl. 5.A.II.).

a. Anwendung von Führungsinstrumenten mit langfristigem Wirkungshorizont

Die in der Befragung angesprochenen Führungsinstrumente lassen sich in solche mit langfristigem und kurzfristigem Wirkungshorizont unterscheiden. Eine erste Betrachtung der Ergebnisse in Abbildung 15 zeigt signifikante Unterschiede im Ausmaß der Anwendung zwischen den Institutsgruppen. Dabei fällt insbesondere auf, daß in Kreditbanken langfristige Führungsinstrumente überwiegend Anwendung finden, in Sparkassen und Kreditgenossenschaften hingegen nur teilweise. Angesichts der Probleme im Rahmen der Zielsetzung erscheint das zunächst verwirrend, durch die Diskussion der Einzelaspekte läßt es sich jedoch verständlich interpretieren.

Schriftlich formulierte Leitbilder dienen einer Unternehmung zur Konkretisierung bankbetrieblicher Ziele in zu erfüllende Aufgaben (vgl. 1.B.III.b.β.). In Kreditbanken sind Leitbilder überwiegend vorhanden, nehmen aber im Vergleich zu anderen langfristigen Instrumenten eine eher nachrangige Position ein. In überregional tätigen Instituten stammen diese von Seiten der Führungszentralen und haben sich bereits als Mittel zur Führung von Bankbetrieb und Mitarbeitern etabliert. Leitbilder dienen als Orientierungsmaßstab für Entscheidungen dezentraler Stellen. Sie beinhalten Anweisungen an die Mitarbeiter, die selbständiges, eigenverantwortliches, situationsgerechtes und zielförderndes Handeln erleichtern.

In Sparkassen sind schriftlich formulierte Leitbilder nur teilweise vorhanden, das bedeutet, daß nicht alle möglichen Unterstützungsfunktionen genutzt werden. Da Leitbilder auf bankbetrieblichen Oberzielen beruhen und in Kapitel 5 die mit der Zielsetzung verbundene Problematik beschrieben wurde, ist davon auszugehen, daß die Darstellung von Zielen in einem schriftlich formulierten Leitbild kaum möglich ist und diese daher nur teilweise angewendet werden können. Die Sparkassen nutzen bislang dieses Instrument zur Führung des Bankbetriebs als ganzes und dem jeweiligen Mitarbeiter durch die Vorgabe zielunterstützender, verbindlicher und motivierender Entscheidungsspielräume nur wenig.

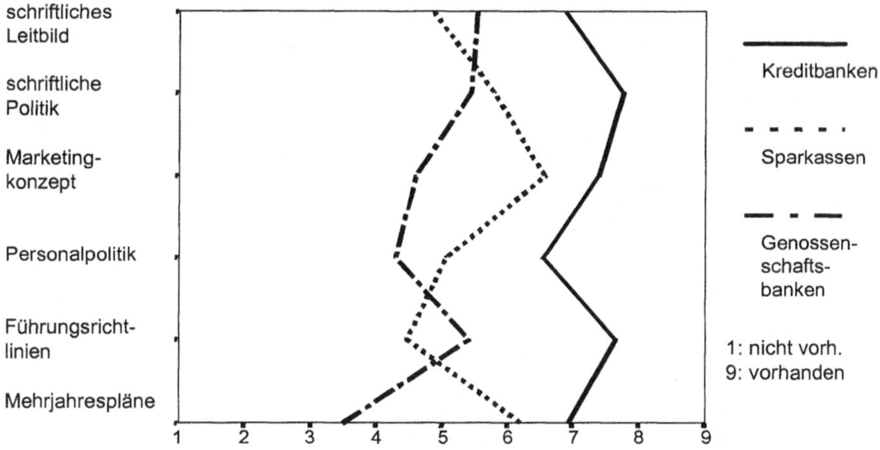

Abb. 15: Einsatz langfristiger Führungsinstrumente. (Vgl. Anhang IV.15)

In Kreditgenossenschaften sind schriftlich formulierte Leitbilder ebenfalls nur teilweise vorhanden, gegenüber weiteren langfristigen Führungsinstrumenten nehmen sie jedoch eine bedeutendere Position ein. Hieraus läßt sich analog zu den Sparkassen folgern, daß der Nutzen verschiedener Lenkungsfunktionen erkannt ist, diese jedoch nur partiell eingesetzt werden. Die Ostbanken nutzen Leitbilder kaum zur zielorientierten Mitarbeiterlenkung. Die Vermutung liegt nahe, daß in Zusammenhang mit der starken Sicherheitszielorientierung quantitative Vorgaben vorrangig Anwendung finden (vgl. 6.A.II.b.).

Schriftlich formulierte Unternehmungspolitik ist in Kreditbanken vorrangig vorhanden. Diese dient grundsätzlich zur Definition von Ziel- und Aktionsräumen. Unternehmungspolitik beruht primär auf der Zielsetzung in einer Unternehmung. Darauf aufbauend werden Prämissen, Problemstellungen, Maßnahmen, Ressourcen, Träger, Horizont sowie Ergebnisse festgelegt. Diese Definitionen dienen schließlich als Grundlage für bankbetriebliches Handeln. Sowohl Führung als auch Mitarbeiter in Kreditbanken können auf diese formulierten Grundsätze zurückgreifen und sie als Entscheidungsgrundlage in Übereinstimmung mit dem Selbstverständnis des Bankbetriebs nutzen.

In Sparkassen und Kreditgenossenschaften findet auch dieses Instrument nur teilweise Anwendung. Abgesehen von Problemen bei der Zielsetzung bestehen demnach noch Schwierigkeiten in einer klaren Definition des Selbstverständnisses des einzelnen Bankbetriebs. Die seit der Währungsunion vergangenen Jahre scheinen noch nicht auszureichen, um die einzelne Position genau zu bestimmen.

In Kreditbanken ist überwiegend ein **schriftlich formuliertes Marketingkonzept** zu finden. Aufgabe dieses Konzeptes ist es, einen genauen Entwurf über das Vorgehen, die einzusetzenden Instrumente und das Programm für die Marktbearbeitung zu liefern. Offen muß zunächst bleiben, ob das einzelne Marketingkonzept der überregional tätigen Kreditbanken von der Unternehmungszentrale bestimmt wird und inwiefern die sozio-demographischen Besonderheiten der neuen Bundesländer Berücksichtigung finden. Zu dessen Klärung dient die Betrachtung der Zielgruppenbestimmung in 7.B.I. und 7.C.I.

Auffallenderweise besteht in einem Großteil der Sparkassen ebenfalls ein schriftlich formuliertes Marketingkonzept. Es stellt somit das in den Sparkassen am häufigsten zur Anwendung kommende langfristige Führungsinstrument dar. Die Vermutung liegt nahe, daß in diesem Bereich die Unterstützung seitens der Verbände zum Tragen kommt. Insbesondere der Ostdeutsche Sparkassen- und Giroverband (OSGV) fördert die angegliederten Institute und entwickelt gemeinsame, für das Verbandsgebiet spezifische Werbekonzepte (vgl. 1.A.I.c.). In Zusammenhang mit der zweitrangigen Schlüsselproblematik der Marktziele kann geschlossen werden, daß die Marktbearbeitung als betrieblich notwendige Funktion bereits erkannt und in Angriff genommen ist.

Für die Genossenschaftsbanken ist dieses langfristige Führungsinstrument trotz einer ebenfalls einheitlichen Werbelinie seitens der Verbände nur teilweise bis nachrangig vorhanden. An einer langfristigen Marktbearbeitungsstrategie muß noch weiter gearbeitet werden, wobei wiederum die Verbindung zu den Problemen bei der Zielsetzung besteht.

Neben schriftlich formulierten Leitbildern, Unternehmungspolitik und Marketingkonzepten stellt auch die **Personalpolitik** einen Bestandteil des Grundmodells des Management by Objectives dar (vgl. 1.B.III.b.α.). Obwohl dem Personalführungskonzept die Bereitstellung und Förderung von Leistungskapazitäten und der Leistungsbereitschaft obliegen, findet dieses Führungsinstrument selbst in Kreditbanken nur nachrangig Verwendung. Schriftlich formulierte Personalpolitik ist in den Kreditbanken vorhanden bis nur teilweise vorhanden, wird aber durch die in Zusammenhang mit fixierten Leitbildern und Unternehmungspolitik beschriebenen strategischen Größen unterstützend ergänzt.

In Sparkassen und Kreditgenossenschaften findet dieses Instrument nur teilweise Anwendung, ebenso wie auch Leitbilder und Unternehmungskonzepte nur teilweise vorhanden sind. Eine langfristig orientierte Personalführung kommt zu kurz. Nachdem für alle Institutsgruppen Schlüsselprobleme in der Personalpolitik bestehen, sollte dieses Instrument in der Zukunft vermehrt eingesetzt werden, mit dem Hintergrund, einen entschiedenen Beitrag zur Erreichung der gesteckten Ziele und somit zum bankbetrieblichen Erfolg zu leisten. Insgesamt machen sich auch in diesem Punkt Unsicherheiten in der Zielsetzung bemerkbar und die gegenseitige Abhängigkeit wird verdeutlicht.

Hinsichtlich der Leistungsfähigkeit der bankbetrieblichen Führung interessiert die Frage nach dem Einsatz von **Führungsrichtlinien**. In Kreditbanken sind diese vorhanden und finden im selben Ausmaß Verwendung wie eine schriftlich formulierte Unternehmungspolitik. In den Großbanken, Regional- und sonstigen Kreditbanken sind größtenteils Führungsrichtlinien festgelegt, die in überregional tätigen Instituten Verhalten, Entscheidungsfindung, Kompetenzen und Weisungsbefugnisse der mittleren Führungsebene determinieren. Führungsrichtlinien dienen zur Umsetzung bankbetrieblicher Ziele in strategisches Handeln. Da auch bei Kreditbanken Schwierigkeiten in der Zielbestimmung auftreten, stellen die vorhandenen Richtlinien eher Führungsinstrumente des zentralen Managements dar, die zur Lenkung der regionalen Geschäftsniederlassungen im gesamtbetrieblichen Sinn dienen.

In einzelnen Sparkassen sind Führungsrichtlinien eher vorhanden. Das liegt einerseits wiederum in der unzureichenden Bestimmung der Zielsetzung und andererseits in der organisatorischen Struktur begründet. In Sparkassen bestimmt der Verwaltungsrat Richtlinien über die Geschäftspolitik, d.h. generelle Ziele und allgemeine Tendenzen, während der Vorstand als exekutives Organ Geschäfte im einzelnen festlegt (vgl. GEIGER 1992, S. 32). Durch die persönliche Nähe ist jederzeitige Abstimmung möglich, so daß hinsichtlich einer bislang nicht eindeutigen Zielsetzung nicht unbedingt klare Richtlinien notwendig sind. Letztendlich prägt das Führungsverhalten des Vorstands in Einklang mit dem Verwaltungsrat die Führung der einzelnen Sparkasse.

Analog ist die nur teilweise Verwendung von Führungsrichtlinien in Kreditgenossenschaften zu betrachten. Sie sind jedoch im Rahmen ihres Förderungsauftrags an die Interessenvertretung der Genossen gebunden (vgl. 1.B.II.a.χ.). Richtlinien werden daher in Abstimmung mit der Mitgliederversammlung erstellt. Betrachtet man alle Institutsgruppen im Vergleich, so ist festzustellen, daß Führungsrichtlinien in unterschiedlichem Umfang Verwendung finden, jedoch alle die Erhöhung der Leistungsfähigkeit der Führung als problematisch betrachten. Der Einsatz von Führungsrichtlinien alleine kann nicht der Grund hierfür sein.

Dokumentierte Mehrjahrespläne sind in Kreditbanken vorhanden und belegen einen mittleren Rang im Vergleich zu den anderen langfristigen Führungsinstrumenten. Aus bankbetrieblichen Oberziele werden im Rahmen der strategischen Planung Teilziele abgeleitet und als strategische Vorgaben im Sinn einer verbindlichen Planung formuliert. Bei überregional tätigen Kreditbanken drängt sich wieder die Frage auf, inwiefern sie Einfluß auf die Gestaltung der Planschritte nehmen und eine Berücksichtigung regionaler Gegebenheiten bewirken können. In Kapitel 7 sollen die für die Marktsegmentierung zur Anwendung kommenden Kriterien exemplarisch die Berücksichtigung sozio-demographischer Besonderheiten im Untersuchungsgebiet ausdrücken.

In Sparkassen sind dokumentierte Mehrjahrespläne im selben Umfang vorhanden wie in Kreditbanken. Zusammen mit einem schriftlich formulierten Marketingkonzept stellen diese die am meisten verwendeten Führungsinstrumente mit langfristigem Horizont dar, d.h. daß trotz der Probleme bei der Zielsetzung Teilziele festgelegt sind. Der Umstand deutet darauf hin, daß sich die Sparkassen in den neuen Bundesländern sukzessive an die Identifikation rationeller Ziele wagen. Mit der Festlegung leicht überprüfbarer Teilergebnisse im Marketingbereich und verschiedener, im Rahmen dokumentierter Mehrjahrespläne erfaßter quantitativer Größen kann ein erreichbarer bankbetrieblicher Horizont allmählich der verbindlichen Zielfestlegung dienen.

Mehrjahrespläne sind hingegen in Kreditgenossenschaften so gut wie nicht vorhanden. Da diese zusammen mit weiteren langfristigen Führungsinstrumenten nur nachrangige Bedeutung besitzen, existieren auch kaum langfristige Vorstellungen über die Entwicklung des Geschäftsbetriebs. Bei den Genossenschaftsbanken in den neuen Bundesländern kommt deutlich zum Ausdruck, daß mit fehlenden Zielen die Ableitung strategischer Größen nur schwer möglich ist. Zur Lenkung des Bankbetriebs müssen jedoch gewisse Vorgaben für die Mitarbeiter existieren. Im folgenden Abschnitt wird daher die Verwendung kurzfristiger Führungsinstrumente betrachtet.

	Ostbanken vs. Westbanken	Sparkassen vs. Kreditgenossenschaften	Kreditinstitutsgruppen (1. Funktion)	Kreditinstitutsgruppen (2. Funktion)
Eigenvalue	0,2228	0,2329	0,4143	0,1583
Wilks' Lambda	0,817809	0,811117	0,610398	0,863311
Signifikanz	0,0000	0,0002	0,0000	0,0002
Korrekte Klassifizierung in %	71,26	71,63	64,67	

Tab. 8: Signifikanter Unterschied der mittleren Werte der Diskriminanzfunktionen für Führungsinstrumente mit langfristigem Wirkungshorizont.

In der Anwendung langfristiger Führungsinstrumente läßt sich zusammenfassend festhalten, daß nicht nur zwischen den Ost- und Westbanken, sondern auch zwischen den einzelnen Institutsgruppen signifikante Unterschiede bestehen (vgl. Ergebnisse aus d_2^b in Tabelle 8). In Kreditbanken sind langfristige Führungsinstrumente vorhanden, die der Betrachtung zugrunde gelegte Führungsinstrumente-Hypothese hat sich für Westbanken bestätigt. Kreditgenossenschaften hingegen verwenden nur teilweise und in geringem Umfang Führungsinstrumente mit langfristigem Wirkungshorizont. Für sie kann die langfristige Führungsinstrumente-Hypothese, die für Ostbanken aufgestellt wurde, erhalten werden. In Sparkassen fällt der Einsatz von schriftlich formuliertem Marketingkonzept und dokumentierten Mehrjahresplänen auf, was als zunehmende strategische Ausrichtung interpretiert werden kann. Damit wird eine Aufrechterhaltung der Annahme für sie zweifelhaft.

Zu denken gibt jedoch der Rückschluß auf die in allen Institutsgruppen in gleichem Umfang existierenden Probleme bei der Zielfeststellung p_2 und den führungsorientierten Schlüsselproblemen p_3. Der Einfluß langfristiger Führungsinstrumente b_2^f auf die Problembereiche erscheint daher zweifelhaft. Die zu Beginn von Kapitel 5 aufgestellte zielbezogene Systemhypothese kann insofern erhalten werden, daß die Ursache für die Problematik im Führungsbereich nicht auf den mangelhaften Einsatz langfristiger Führungsinstrumente zurückgeführt werden kann, sondern vielmehr in einer unklaren Zielsetzung, die alle Kreditinstitute tangiert, begründet liegt. Dieser Aspekt wird im folgenden unter Einbeziehung der kurzfristigen Führungsinstrumente und einer eingehenden Analyse von Führungsproblemen genauer betrachtet.

b. Einsatz kurzfristig ausgerichteter Führungsinstrumente

Ein-Jahres-Maßnahmenpläne sind in allen Kreditinstituten im Untersuchungsgebiet vorhanden. Die Anwendung in Kreditbanken verwundert nicht, zumal diese sämtliche strategische Führungsinstrumente nutzen. Ein-Jahres-Pläne stellen operative Vorgaben dar, d.h. die bereits aus den bankbetrieblichen Zielen abgeleiteten Oberziele werden sukzessive in einzelne, jährlich nachprüfbare Teilziele zerlegt. In Sparkassen werden ergänzend zu den Mehrjahresplänen jährliche Maßnahmen vorgegeben, deren Einhaltung leicht kontrolliert werden kann. Kreditgenossenschaften nutzen verstärkt Ein-Jahres-Maßnahmenpläne zur Führung ihrer Mitarbeiter. Diese jährlich neu gesteckten Zwischenziele beruhen vermutlich auf einer Reihe an Vorstellungen, die in Mitgliederversammlungen diskutiert und für den Geschäftsbetrieb verbindlich vereinbart werden.

Ebenfalls in allen Kreditinstituten werden **Jahresbudgets** aufgestellt. Die Begrenzung der zur Verfügung stehenden finanziellen Mittel wirkt sich auf den Entscheidungs- und Handlungsrahmen der Mitarbeiter der verschiedenen hierarchischen Ebenen aus. Für die überregional geschäftstätigen Groß- und sonstigen Kreditbanken kann dieses Instrument in Ergänzung zum bankbetrieblichen Leitbild betrachtet werden. Im Rahmen des vorgegebenen finanziellen Spielraums erhält die jeweilige regionale Führungsebene Entscheidungsbefugnis zugeteilt. In Sparkassen und Kreditgenossenschaften hilft ein vorgegebener und im Umfang limitierter finanzieller Rahmen, Risiken zu begrenzen. D.h. die Schlüsselproblematik mit den Sicherheitszielen Kosteneindämmung, Reservenbildung und Risikoabsicherung soll durch Beschränkungen im Ausgabenbereich erleichtert werden.

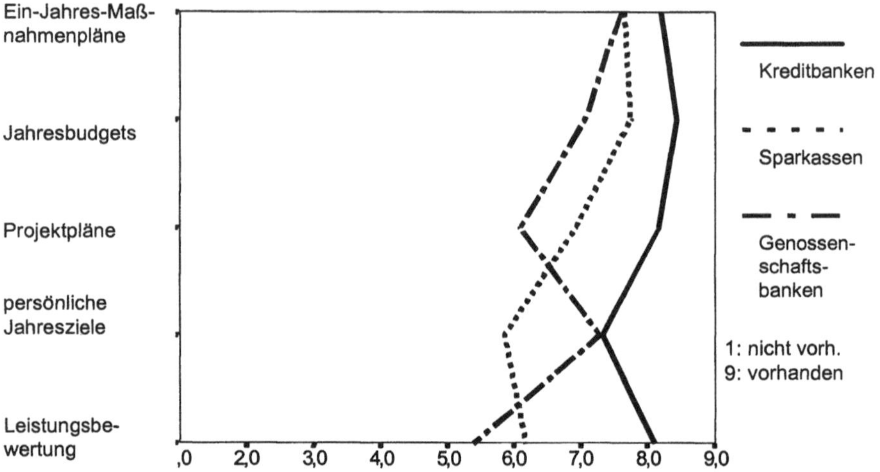

Abb. 16: Einsatz kurzfristiger Führungsinstrumente. (Vgl. Anhang IV.16)

Zur Verfolgung bankbetrieblicher Ziele stehen unterschiedliche **Projekte** an. Insbesondere in Kreditbanken liegen hierfür detaillierte Pläne vor. Projekte beschränken sich i.d.R. auf einzelne geschäftliche Vorhaben, die zur Verbesserung der Zielerreichung im Geschäftsbetrieb beitragen sollen. Projektpläne werden genau konzipiert und durchgeführt, die Ergebnisse sind leicht kontrollierbar und fließen in die Planung weiterer geschäftspolitischer Maßnahmen als Erfahrungsgegenstand ein. In Sparkassen und insbesondere in Kreditgenossenschaften sind Projektpläne nur teilweise vorhanden. D.h. daß einerseits weniger Projekte durchgeführt werden und daß diese andererseits vor dem Hintergrund der Probleme bei der Zielfindung nur wenig zum Planungsprozeß beitragen.

In Kreditbanken und in Genossenschaftsbanken finden im selben Umfang **persönliche Jahresziele** Anwendung. Jeder Mitarbeiter erhält spezielle Zielvorgaben, den er im Verlauf eines Jahres erfüllen soll, verbindlich vorgegeben. Dadurch soll dieser zu zielförderndem Verhalten angehalten werden. Hinsichtlich eines Führungskonzeptes im Sinn des Management by Objectives (vgl. 1.B.III.b.α.) werden bankbetriebliche Teilziele auf die Mitarbeiter verteilt, die insgesamt wiederum zum Erfolg des Instituts beitragen. Bei Nichteinhalten kann der einzelne Mitarbeiter im Rahmen seines eigenverantwortlichen Handelns zur Rechenschaft gezogen werden, sein Beitrag zum bankbetrieblichen Erfolg wird somit meß- und kontrollierbar.

Da in Kreditbanken die zielbezogene Schlüsselproblematik vorwiegend marktseitig liegt, sollten in den persönlichen Vorgaben überwiegend Aussagen über Kundenakquisition und über die Nutzung von Cross-Selling-Möglichkeiten stehen. In Kreditgenossenschaften hingegen ist der Problembereich der Sicherheitsziele essentiell. D.h. den Mitarbeitern sollten neben Vorgaben über maximal zu verursachende Kosten die Abwägung von Risiken sowie die vorrangige Kundenakquisition in Sparten mit hohem Deckungsbeitrag nahegelegt werden. In Sparkassen sind persönliche Jahresziele nur teilweise vorhanden. Verbunden mit schriftlich fixierten Mehrjahresplänen und den daraus abgeleiteten Ein-Jahres-Maßnahmenplänen entsteht die Vermutung, daß zielfördernde Aufgaben weniger für einen einzelnen Mitarbeiter selbst, sondern vielmehr für Geschäfts- oder Filialbereiche abgeleitet werden.

Die **Bewertung von Leistungen** selbst findet hauptsächlich in Kreditbanken Anwendung. Die gesteckten persönlichen Jahresziele sowie die Leistung der Mitarbeiter, Filialen und ganzer Regionalgeschäftsstellen werden kontinuierlich auf ihren Beitrag zur Zielerreichung hin überprüft und auch bewertet. Damit läßt sich die Entwicklung in einzelnen Geschäftsbereichen darstellen. Die Leistungsbewertung dient der Führung überwiegend zur Kontrolle, den Mitarbeitern zur Orientierung des eigenen Leistungsvermögens. Kritisch ist dieser Punkt vor dem Hintergrund zu betrachten, daß auch die Kreditbanken mit der Leistungsfähigkeit ihrer Mitarbeiter unzufrieden sind (vgl. Kapitel 5). Die aus der Bewertung der Leistungen ableitbaren Informationen werden demnach nicht hinreichend zur Rückkopplung an die strategische Führung genutzt. Durch den Einsatz dieses Kontrollinstruments werden leistungsschwache Bereiche aufgedeckt. Daran sollte eine Ursachenanalyse anknüpfen, die in der weiteren bankbetrieblichen Planung Berücksichtigung findet und schließlich zur Problemlösung beiträgt.

	Ostbanken vs. Westbanken	Sparkassen vs. Kreditgenossenschaften	Kreditinstitutsgruppen (1. Funktion)	Kreditinstitutsgruppen (2. Funktion)
Eigenvalue	0,1936	0,1834	0,2879	0,0782
Wilks' Lambda	0,837821	0,845003	0,720164	0,927485
Signifikanz	0,0000	0,0005	0,0000	0,0140
Korrekte Klassifizierung in %	69,01	62,04	52,63	

Tab. 9: Signifikanter Unterschied der mittleren Werte der Diskriminanzfunktionen für kurzfristige Führungsinstrumente.

Diese Möglichkeit scheint von den Kreditbanken in den neuen Bundesländern jedoch nicht hinreichend genutzt zu werden und hängt schließlich auch mit den Problemen bei der Zielsetzung zusammen. Leistungsbewertung wird in Sparkassen und Kreditgenossenschaften nur teilweise vorgenommen. Insgesamt geben die Ostbanken ihren Mitarbeitern zwar einen kurzfristigen Handlungsrahmen vor, dieser wird jedoch kaum überprüft, eine Rückkopplung zur weiteren bankbetrieblichen Planung findet noch weniger statt. Damit wird operatives Geschehen in der einzelnen strategischen Ausrichtung zu wenig berücksichtigt, der Einsatz von Führungsinstrumenten kann kaum zur Verbesserung der Problematik in der Zielsetzung beitragen.

Zusammengefaßt kommen kurzfristige Führungsinstrumente in den einzelnen Institutsgruppen in unterschiedlichem Maß zur Anwendung (b_{2j}^{f}). Die westdeutschen Kreditbanken nutzen diese Instrumente in vollem Umfang, Sparkassen und Kreditgenossenschaften im Untersuchungsgebiet nur teilweise, verglichen mit langfristigen Führungsinstrumenten jedoch vermehrt. Die kurzfristige Führungsinstrumente-Hypothese für Ostbanken kann somit aufrecht erhalten bleiben, die Führungsinstrumente-Hypothese für Westbanken ebenfalls. Der Einfluß der Zielsetzung b_1^{f} auf den Beitrag der Führungsinstrumente zur Problemlösung ist erkennbar, zumal die Instrumente unterschiedlich intensiv genutzt werden und letztendlich zu den selben Problemschwerpunkten im Führungsbereich p_2 führen. Zur Verdeutlichung und näheren Untersuchung der zielbezogenen Systemhypothese widmet sich der folgende Abschnitt daher näher der Problematik im Führungsbereich.

B. Schwierigkeiten im Führungsbereich

I. Hypothesen

Die Prüfbefunde der führungsbezogenen Schlüsselhypothese hat ergeben, daß auch die aus dem alten Bundesgebiet in den Bankenmarkt der neuen Bundesländer eingetretenen Kreditbanken Probleme haben. Die folgende Hypothese bezieht sich daher lediglich auf den Bereich, der durch den Einsatz von Führungsinstrumenten tangiert wird:

Führungsproblem-Hypothese für Westbanken:

> Groß-, Regional- und sonstige Kreditbanken in den neuen Bundesländern weisen nur Probleme im Führungsbereich auf, die nicht durch den Einsatz von Führungsinstrumenten gelöst werden können.

Führungsproblem-Hypothese für Ostbanken:

> Ostdeutsche Kreditinstitute sehen sich sämtlichen Problemen im Führungsbereich ausgesetzt.

Für den Systemzusammenhang läßt sich aus den in Westbanken existierenden Problemen eine weitere Annahme ableiten:

Führungsproblembezogene Systemhypothese:

> *Eine unklare bankbetriebliche Zielsetzung äußert sich in Problemen im Führungsbereich, die auch nicht durch den Einsatz von Führungsinstrumenten bewältigt werden können.*

II. Prüfbefunde

Der folgende Untersuchungsabschnitt bildet eine Ergänzung zu den bereits in Abschnitt 5.B. betrachteten Führungsproblemen q_2 und deren jeweilige Bedeutung p_2 für die Bankbetriebe I. Die Auswertung der Umfrageergebnisse erfolgt demnach analog zur Vorgehensweise, wie sie in 5.A.II. beschrieben wird.

Hinsichtlich einer **fundierten Planung** und der Entwicklung einer **Unternehmungspolitik** weisen die Kreditbanken in den neuen Bundesländern kaum Probleme auf. Da ihnen bereits ein schriftlich formuliertes Konzept über die Unternehmungspolitik vorliegt, gestaltet sich dessen Fortführung bzw. Überarbeitung mit Unterstützung von Informationen, die aus dem bankbetrieblichen Kontrollprozeß gewonnen werden, weniger problematisch, obwohl in 5.B.II. Probleme in der Informationspolitik festgestellt wurden. Da eine fundierte Planung den überregional tätigen Groß- und sonstigen Kreditbanken ein Anliegen ist, sind die regionalen Führungsebenen wohl in den Planungsprozeß eingebunden. In Sparkassen und Kreditgenossenschaften bereitet die Entwicklung einer Unternehmungspolitik verstärkt Schwierigkeiten. Das verwundert nicht, zumal die Zielsetzung bislang noch größtenteils unklar ist, langfristige Führungsinstrumente nur begrenzt Verwendung finden, eine Kontrolle kaum stattfindet, die Informationsversorgung nicht reibungslos funktioniert und damit die Voraussetzungen für eine strategische Planung nur unzureichend gegeben sind.

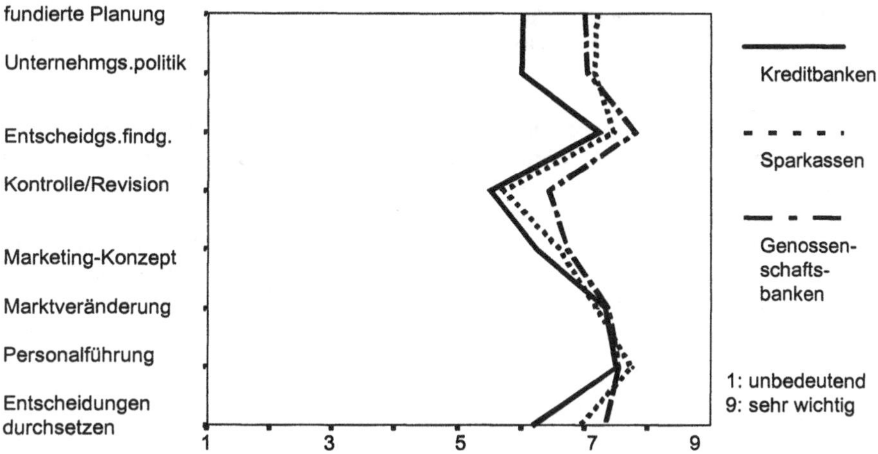

Abb. 17: Führungprobleme. (Vgl. Anhang IV.17)

Ein für alle Banken im Untersuchungsgebiet vorrangiges Problem stellt die zielunterstützende **Entscheidungsfindung** und **Kreativität** in der Führung dar. Aufgabe von Führungsebenen in Banken ist es, für Entscheidungsprobleme zielfördernde Lösungen zu finden. In Zusammenhang mit richtungsweisenden Entscheidungen wird von der bankbetrieblichen Führung Leistung in dem Sinn verlangt, daß Lösungen die gesamtbetrieblichen Ziele unterstützen. Da alle Banken im Untersuchungsgebiet mit der Führungsleistung unzufrieden sind, Führungsinstrumente jedoch in signifikant unterschiedlichem Ausmaß eingesetzt werden, ist die Ursache des Kreativitätsproblems vielmehr in der unsicheren Zielsetzung und der damit einhergehenden strategischen Unsicherheit zu suchen, was für die Aufrechterhaltung sowohl der zielbezogenen als auch der führungsproblembezogenen Systemhypothese spricht.

Der **Kontrolle** und **Revision** wird von den Kreditinstituten im Untersuchungsgebiet nur nachrangige Bedeutung beigemessen. Kreditbanken nehmen im Rahmen der eingesetzten Führungsinstrumente kontinuierlich Leistungsbewertung vor. Zusammen mit Angaben aus der internen Rechnungslegung liegen hinreichend viele Daten vor, die zur Revision genutzt werden können. Daher wird dieser Bereich nicht als problematisch eingeschätzt. Wie oben bereits ausgeführt, sind Großbanken, Regional- und sonstige Kreditinstitute mit der Mitarbeiterleistung unzufrieden, was den Schluß auf wenig Rückkopplung der einzelnen Bewertungsergebnisse auf die Gestaltung der jährlichen Ziele nahelegt.

In Sparkassen und Genossenschaftsbanken liegt der Sachverhalt näher an der unsicheren Zielsetzung, da, verbunden mit den nur partiell eingesetzten langfristigen Führungsinstrumenten, Kontrolle zwar stattfindet, die Nutzung der Informationen zur Revision bzw. als Beitrag zur Zielfindung zu kurz kommt. Die Einschätzung von Kontrolle und Revision als wenig problematisch läßt den Schluß zu, daß die Ostbanken deren Beitrag zum Bankmanagement bislang nicht vollständig erkannt haben.

Die Entwicklung von **Marketingkonzepten** stellt für alle Kreditinstitute in den neuen Bundesländern ein wichtiges Führungsproblem dar. Unabhängig vom bisherigen Einsatz schriftlich formulierter Marketingkonzepte wird die Notwendigkeit der Entwicklung gezielter Konzepte zur Marktbearbeitung erkannt. Kapitel 7 geht näher auf die zur Anwendung kommenden Marketinginstrumente ein. Ebenfalls als schwierig wird eine **rasche Reaktion auf Marktveränderungen** eingeschätzt. In Zusammenhang mit der Unzufriedenheit mit der Führungsleistung sowie im Rahmen der Entscheidungsfindung ist dieser Umstand ein weiteres Indiz für die Auswirkung einer unklaren Zielsetzung auf die Führung des Gesamtbetriebs. Je größer die Unsicherheit über strategische Stoßrichtungen sowie über die Wirkung von Entscheidungen, desto bedeutungsvoller wird die hinreichende Kenntnis über den relevanten Markt. In welchem Umfang den Instituten Informationen über den Bankenmarkt in den neuen Bundesländern vorliegen und in welchem Maße sie diese nutzen, ist Gegenstand der Betrachtung in Kapitel 7.

	Ostbanken vs. Westbanken	Sparkassen vs. Kreditgenossenschaften	Kreditinstitutsgruppen (1. Funktion)	Kreditinstitutsgruppen (2. Funktion)
Eigenvalue	0,1468	0,0946	0,1493	0,0670
Wilks' Lambda	0,870591	0,913558	0,815427	0,937190
Signifikanz	0,0029	0,1423	0,0048	0,1417
Korrekte Klassifizierung in %	68,57			

Tab. 10: Signifikanter Unterschied der mittleren Werte der Diskriminanzfunktion für Führungsprobleme zwischen Ost- und Westbanken.

Die Darstellung der Untersuchungsergebnisse hat bislang hervorgebracht, daß die Personalpolitik ein für alle Banken dringendes Schlüsselproblem verkörpert. Auch wenn Führungsinstrumente mit lang- und kurzfristigem Wirkungshorizont in unterschiedlichem Maße von den einzelnen Institutsgruppen genutzt werden, stellt eine **wirkungsvolle Personalführung** für alle ein dringendes Problem dar. Die Ursache hierfür ist vorwiegend den Schwierigkeiten einer klaren Zieldefinition zuzuschreiben. Mitarbeiter stellen aufgrund der Eigenschaften von Bankleistungen einen wesentlichen Erfolgsfaktor dar. Im Rahmen der strategischen Planung sollte dieser Aspekt vermehrt Berücksichtigung finden und Mitarbeiter stärker in zielorientierte Konzepte eingebunden werden. Die in Zusammenhang mit der **Durchsetzung von Entscheidungen** verbundenen Schwierigkeiten weisen ergänzend auf den Zusammenhang zwischen Führungsleistung, Mitarbeiterleistung und den Problemen im Personalbereich insgesamt hin. Die Führungsproblem-Hypothese für Ostbanken kann somit aufrecht erhalten bleiben, die Führungsproblem-Hypothese für Westbanken muß jedoch verworfen werden, da die aufgedeckten Problembereiche untrennbar in Beziehung zu den Führungsinstrumenten stehen. Die konkretisierte führungsproblembezogene Systemhypothese bleibt ebenfalls bestehen, sie beschreibt den dominierenden Einfluß von p_1 (zielbezogene Probleme) auf p_2 (Probleme im Führungsbereich), da b_2^f (Einsatz von Führungsinstrumenten) nicht direkt für p_2 (Führungsprobleme) verantwortlich gemacht werden kann. Die Aussage der Diskriminanzfunktion d_2^p ist in ihrer Aussagekraft eher vage, die von ihr erfaßten Unterschiede sind in ihrem absoluten Ausmaß zu gering, um wirkliche Unterschiede im Führungsproblembereich zu beschreiben (vgl. Tabelle 10).

Für den Untersuchungsgegenstand Führung als Subsystem im Bankbetrieb läßt sich zusammenfassend folgender Sachverhalt festhalten: Im Einsatz lang- und kurzfristiger Führungsinstrumente b_2^f bestehen signifikante Unterschiede zwischen den aus dem alten Bundesgebiet stammenden Kreditbanken, den ostdeutschen Sparkassen und Genossenschaftsbanken (d.h. $b_{2,1}^f <> b_{2,2}^f$). Die Schwerpunkte der Führungsproblematik p_2 sind insgesamt jedoch gleich gelagert. Der Einfluß v_2^f, den die in bisherigen Studien als Erfolgsfaktoren identifizierten Instrumente auf die Lösung führungsorientierter Schlüsselprobleme nehmen, läßt sich hinsichtlich der empirischen Ergebnisse der vorliegenden Untersuchung nicht nachvollziehen. Die Ursache für die Schwierigkeiten in der bankbetrieblichen Führung p_2 wird weniger durch den Einsatz abgeleiteter Führungsinstrumente d_2^f begründet, sondern vielmehr durch andere Faktoren beeinflußt. Die vorliegende Untersuchung umfaßt die Bankmanagementsubsysteme Zielbildung, Führung und Marketing. Hinsichtlich der Führungsprobleme kommt zuweilen der Zielbildungsprozeß e_1^f als Einflußgröße in Betracht. Das folgende Kapitel widmet sich daher Marktorientierung der Kreditinstitute.

7. Kapitel: Marktorientierung der Kreditinstitute im Untersuchungsgebiet

In Kapitel 5.C. hat die Betrachtung der Schlüsselprobleme gezeigt, daß alle Kreditinstitute in den neuen Bundesländern im Marketingbereich zwei Problemschwerpunkte aufweisen: Einerseits werden persönliche Bedienung und Akquisition von Kunden hinsichtlich der Marktziele verfolgt, andererseits eine flexible Gestaltung von Konditionen als Erfolgsfaktoren bezüglich der Sicherheitsziele eingeschätzt. Ausgangspunkt der Untersuchung der Marktorientierung bildet eine Darstellung der vorrangig verwendeten Marketinginstrumente. Aufschluß über die Marktkenntnis und über eine für das Untersuchungsgebiet spezifische Marktbearbeitung gibt eine vergleichende Betrachtung der zur Kundensegmentierung verwendeten und zur Verfügung stehenden Daten sowie eine sich anschließende Einschätzung künftig bedeutender Leistungsbereiche.

A. Zukünftige Bedeutung von Marketinginstrumenten

Für den Marketingbereich ist einführend zu ergänzen, daß die Banken in den neuen Bundesländern danach befragt wurden, ob sie in den vergangenen fünf Jahren Marktforschung durchgeführt haben (zu den Ergebnissen im einzelnen vgl. Anhang IV.18). 59 % haben diese Frage bejaht. Hintergrund der zumeist als Fragebogenumfrage durchgeführten Untersuchungen des relevanten Bankenmarktes war jeweils die Gewinnung von Informationen über den eigenen Stand im Markt einerseits bzw. über die Kundenzufriedenheit andererseits. Dabei gestaltet sich eine Verteilung nach Institutsgruppen in der Form, daß sowohl Großbanken, Regional- und sonstige Kreditbanken als auch Sparkassen zu je 77 % Marktforschung betrieben haben, Kreditgenossenschaften jedoch nur zu 38 %. Daraus könnte gefolgert werden, daß Sparkassen gegenüber ihren ostdeutschen Wettbewerbern die bessere Marktkenntnis besitzen. Inwiefern dies im gezielten Einsatz absatzpolitischen Instrumentariums zum Ausdruck kommt, ist Untersuchungsgegenstand des folgenden Kapitels.

I. Hypothesen

Aus den bisherigen Untersuchungsergebnissen und in Ergänzung zu den Starthypothesen können für den Einsatz von Marketinginstrumenten folgende Annahmen für die Analyse der Umfrageergebnisse zugrunde gelegt werden:

Marketinginstrumente-Hypothese für Westbanken:

> Groß-, Regional- und sonstige Kreditbanken nutzen eine den Besonderheiten von Bankleistungen und den Anforderungen des Bankenmarktes in den neuen Bundesländern angepaßte Kombination von Marketinginstrumenten.

Marketinginstrumente-Hypothese für Ostbanken:

Ostdeutschen Kreditinstituten ist die gezielte Kombination von Marketinginstrumenten weniger vertraut, sie nutzen diese nur vereinzelt.

II. Prüfbefunde

Entsprechend dem Vorgehen in der Auswertung der Umfrageergebnisse in Kapitel 5 und 6 sowie unter Beachtung des in 2.B. vorgestellten formalen Konzepts des Bankmanagements erfolgt in diesem Kapitel eine Betrachtung des Managementelements e_3^f: Marketing und damit der zum Einsatz kommenden Managementinstrumente e_{3j}^f. Jedem Managementsubelement e_{3j}^f wird ein Wert k zugewiesen. Dieser ergibt sich aus der für das einzelne Kreditinstitut I angegebenen Bedeutung von b_{3j}^f für den jeweiligen Bankbetrieb, wobei das Punktbewertungsverfahren Anwendung findet (vgl. 5.A.II.).

Vorrangige Bedeutung nimmt die Leistungspolitik bei allen Institutsgruppen ein. Dabei ist der Leistungsbereich in das Leistungsangebot und in die in Zusammenhang mit der Abstraktheit und Vertrauenswürdigkeit von Bankleistungen notwendig werdende Serviceorientierung bei Bedienung und Beratung der Kunden zu trennen. Ein **guter Service** stellt für alle Institutsgruppen einen wichtigen Beitrag zum Unternehmungserfolg dar. **Beratungsleistungen** kommen im direkten Kontakt zwischen Mitarbeiter und Kunde zustande, wofür Qualifikation und Motivation unabdingbare Voraussetzungen sind. Insbesondere das Firmenkundengeschäft ist in den neuen Bundesländern mit einem erhöhten Risiko verbunden, das mittels strengem Controlling und intensiver Beratung und Betreuung beherrschbar gehalten werden soll. Die dafür notwendigen Rahmenbedingungen haben sich in der bisherigen Analyse als unvollständig und problematisch erwiesen, womit auch Schwierigkeiten bei der Erhöhung der Leistungsfähigkeit der Mitarbeiter verbunden sind (vgl. 5.B.).

Die **Ausdehnung des Leistungsangebots** wird von den Banken im Untersuchungsgebiet überwiegend als weniger wichtiges Problem bezeichnet, die Bereitstellung eines umfassenden Leistungsangebots nimmt jedoch eine wichtige Position ein. Aufgrund der leichten Imitierbarkeit von Bankleistungen bieten alle Kreditinstitute in ähnlichem Umfang Bankleistungen an, wobei Sparkassen und Kreditgenossenschaften umfassende und innovative Leistungen auf die eigenen Verbände verlagern können. Wichtig ist die Gestaltung einzelner, den individuellen Bedürfnissen angepaßte Leistungspakete, die sich durch Variation verschiedener Einzelleistungen zusammensetzten lassen (vgl. 1.B.IV.b.α.).

Leistungspolitik, die für die untersuchten Banken von vorrangiger Bedeutung ist, muß unbedingt an Kundenwünschen ausgerichtet werden. Abschnitte 7.B.II. und 7.C.II. widmen sich dem Aspekt, inwiefern das Leistungsangebot dem für die neuen Bundesländer spezifischen Bedarf entspricht. Leistungspolitik beeinflußt insbesondere Marktwachstums- und Marktstellungsziele und liefert damit einen wesentlichen Beitrag zum bankbetrieblichen Erfolg (vgl. 2.A.).

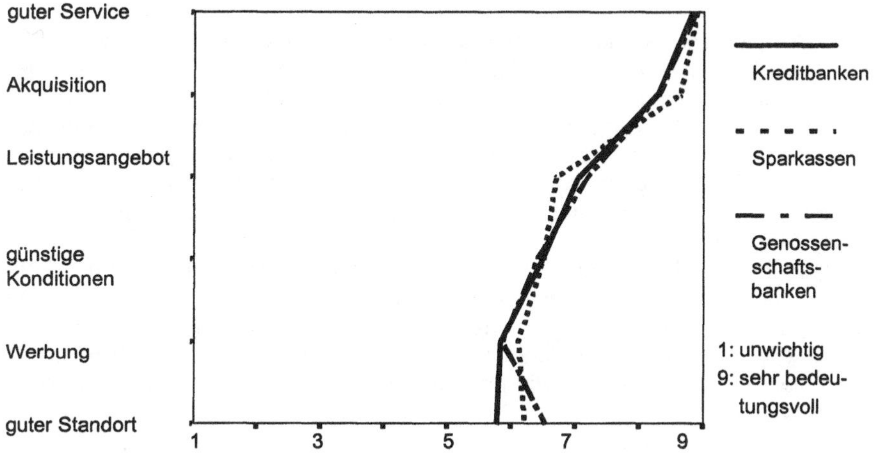

Abb. 18: Zukünftige Bedeutung von Marketinginstrumenten. (Vgl. Anhang IV.19)

Die Kommunikationspolitik in Kreditinstituten umfaßt sämtliche Maßnahmen, die zur Übermittlung von Informationen über das einzelne Institut selbst oder über das Leistungsangebot dienen. Den Banken im Untersuchungsgebiet ist dabei der Einsatz **akquisitorischer Methoden** sehr wichtig, der **Werbung** kommt nur nachrangige Bedeutung zu. Der Akquisition obliegt die Aufgabe, Kunden direkt auf ihren Wunsch hin anzusprechen. Im Gespräch soll der Bankmitarbeiter den Kundenbedarf erkennen und ein spezifisches Lösungsangebot unterbreiten. Dieser Aspekt ist für den Markterfolg sehr wichtig, bereitet den Banken in den neuen Bundesländern jedoch große Schwierigkeiten, was in Anbetracht der aufgedeckten Führungsprobleme nicht verwundert (vgl. 6.B.).

Aufgrund der Abstraktheit und Stofflosigkeit von Bankleistungen ist eine Darstellung des Leistungsangebots im Rahmen der Werbung allenfalls durch die Abbildung von Symbolen möglich, aber wenig sinnvoll. Nachdem in den vergangenen Jahren insbesondere für das Image einer Bank geworben wurde, steht zunehmend die Darstellung von Beratungsleistung und Kompetenz im Vordergrund (vgl. 1.B.IV.b.ε.). Werbung hat für Banken im Untersuchungsgebiet nur nachrangige Bedeutung, Sparkassen und Genossenschaftsbanken schließen sich i.d.R. einheitlichen Werbelinien, die von den Verbänden durchgeführt werden, an. Überregional geschäftstätige Groß- und sonstige Kreditbanken werden im Sinn einer Corporate Identity ebenfalls an zentral gestaltete Werbemaßnahmen angeschlossen. Die direkte Ansprache von Kunden stellt schließlich die am meisten Erfolg versprechende Methode zur Identifikation und der Entsprechung von Kundenbedarf dar, auch bei Sparkassen, die zu 84 % der Bevölkerung im Untersuchungsgebiet in Geschäftskontakt stehen (vgl. 1.A.I.c.).

Ebenfalls weniger bedeutend ist die Preispolitik hinsichtlich der Gestaltung **günstiger Konditionen**. Einerseits dient die Preispolitik, wie die anderen marketingpolitischen Instrumente auch, der gezielten Absatzförderung. Andererseits ist die Konditionengestaltung für Bankleistungen leicht imitierbar und bewirkt daher kaum einen Vorsprung gegenüber Konkurrenten (vgl. 1.B.IV.b.β.). Zudem stehen Bankgebühren aufgrund des als oligopolistisch bezeichneten Bankenmarktes in der öffentlichen Kritik, weshalb nur ein begrenzter preispolitischer Gestaltungsspielraum zur Verfügung steht, was sich hinsichtlich der mit Bankgeschäften eingegangenen Risiken als Nachteil erweist. Konditionen sollten vielmehr den individuellen Risiken angepaßt werden können, um einen wirklichen Beitrag zur Erreichung der Sicherheitsziele zu leisten. Die unzureichende Flexibilität der Konditionengestaltung ist bereits in Zusammenhang mit Schlüsselproblemen im Marketingprogramm von den Institutsgruppen bemängelt worden.

Die Vertriebspolitik hat sich als nachrangiger Problembereich im Bankmanagement in den neuen Bundesländern erwiesen. Da Bankleistungen weder lagerbar sind noch Transport benötigen, ist ihr Absatz bzw. ihre Erstellung im technisch-organisatorischen Bereich anzusiedeln. Für keine Bank im Untersuchungsgebiet steht die Ausdehnung des jeweiligen geographischen Aktivitätsraums zur Diskussion (vgl. 5.C.). Daneben messen alle Institutsgruppen einem **guten Standort** nur wenig Bedeutung bei. Das bestätigt die Vermutung, daß insgesamt Zufriedenheit über das einzelne Filialnetz herrscht. Sparkassen und Kreditgenossenschaften verfügen über ein langjährig bestehendes Filialnetz, die neu in den Bankenmarkt eingetretenen Kreditbanken konnten sich überwiegend ihre künftigen Standorte auswählen (vgl. Kriterien zur Segmentierung der Privatkunden in 7.B.I.). Hinsichtlich des Vertriebs von Standardleistungen kommt dem Filialnetz im Zug der Zunahme des electronic banking und der automatisierten Kundenselbstbedienung nachrangige, hinsichtlich des zunehmenden Bedarfs an persönlichen Beratungsleistungen hingegen vermehrt Bedeutung zu.

Die Bedeutung einzelner Marketinginstrumente b_{3j}^{f} für die künftige Marktbearbeitung wird von allen Kreditinstituten im Untersuchungsgebiet entsprechend den Schlüsselproblemen im Marketingbereich p_3 eingeschätzt. In allen Institutsgruppen kommen den einzelnen Instrumenten die selbe Bedeutung b_3^{f} zu, die Problemschwerpunkte p_3 sind ähnlich gelagert, es bestehen keine signifikanten Unterschiede (vgl. Ergebnisse aus d_3^{b} in Tabelle 11), obwohl unterschiedliche Startbedingungen zum Zeitpunkt der Währungsunion herrschten: Sparkassen und Genossenschaftsbanken verfügten über Kundenstamm und Vertriebswege, Kreditbanken über technisches und organisatorisches know how. Bezüglich der marketingbezogenen Systemhypothese kann an dieser Stelle festgehalten werden, daß Probleme bei der Zielfindung im Bankbetrieb p_1 Auswirkungen auf den Einsatz von Marketinginstrumenten b_3^f haben, daher ist p_3 als Ergebnis von p_1 zu sehen. Diese Aussage gilt es in diesem Kapitel weiter zu verfolgen.

	Ostbanken vs. Westbanken	Sparkassen vs. Kreditgenossenschaften	Kreditinstitutsgruppen (1. Funktion)	Kreditinstitutsgruppen (2. Funktion)
Eigenvalue	0,0333	0,0845	0,0712	0,0331
Wilks' Lambda	0,967770	0,922085	0,903602	0,967975
Signifikanz	0,4653	0,0874	0,1357	0,3490

Tab. 11: Kein signifikanter Unterschied der mittleren Werte der Diskriminanzfunktionen für Marketinginstrumente.

Die Marketinginstrumente-Hypothese kann für Westbanken insofern aufrecht erhalten bleiben, als die zur Anwendung kommenden absatzpolitischen Instrumente sinnvoll auf die Besonderheiten von Bankdienstleistungen abgestimmt sind. Inwiefern diese im Rahmen der Marktbearbeitung den Besonderheiten im Untersuchungsgebiet gerecht werden, gilt es im folgenden Abschnitt genauer zu analysieren. Die Marketinginstrumente-Hypothese für die Ostbanken muß jedoch verworfen werden, da sie die einzelnen Instrumente in annähernd gleichem Maß nutzen wie die Groß-, Regional- und sonstigen Kreditbanken. Zusammengefaßt räumen die west- und die ostdeutschen Banken den Aktionsparametern Leistungspolitik und Kommunikationspolitik die größte Bedeutung bei der künftigen Marktbearbeitung ein, weshalb diese Bereiche, getrennt für Privat- und Firmenkunden, den weiteren Untersuchungsgegenstand bilden.

B. Marketing im Privatkundengeschäft

I. Segmentierung der Privatkunden

a. Hypothesen

Privatkundensegmentierungs-Hypothese für Westbanken:

> Groß-, Regional- und sonstigen Kreditbanken ist der Nutzen einer zielgruppengerechten Marktbearbeitung bekannt, sie segmentieren den Bankenmarkt in den neuen Bundesländern entsprechend den sozio-demographischen Besonderheiten und nutzen dazu eine Vielzahl an ihnen zur Verfügung stehenden Daten.

Privatkundensegmentierungs-Hypothese für Ostbanken:

> Ostdeutsche Kreditinstitute teilen ihre Kunden nach klassischen Kriterien ein und erfassen damit nicht die in den neuen Bundesländern vorherrschenden sozio-demographischen Besonderheiten.

Kreditgenossenschaften unterhalten i.d.R. einen weniger großen Geschäftsbetrieb als Sparkassen. Zudem verfügen Genossenschaftsbanken über einen geringen Marktanteil (vgl. 4.B.). Daher kann angenommen werden, daß der Kundenstamm den Bankmitarbeitern eher vertraut ist. Zudem verfolgen Kreditgenossenschaften im Rahmen ihres Förderauftrags die Interessen ihrer Mitglieder. Daher muß die eingangs getroffene Privatkundensegmentierungs-Hypothese für Ostbanken für Sparkassen und Kreditgenossenschaften getrennt werden:

Privatkundensegmentierungs-Hypothese für Sparkassen:

> Sparkassen segmentieren ihre Kunden nur nach klassischen Kriterien.

Privatkundensegmentierungs-Hypothese für Kreditgenossenschaften:

> Kreditgenossenschaften segmentieren nach klassischen Kriterien und der Mitgliedschaft in der Genossenschaft.

Oben stehende Hypothesen lassen vor dem Hintergrund der Erkenntnisse aus der Diskussion von Schlüsselproblemen folgende Annahme über die Systemzusammenhänge zu:

Marketingbezogene Systemhypothese:

> *Aufgrund der fehlenden eindeutigen bankbetrieblichen Zielsetzung besteht keine Notwendigkeit in einer die speziellen Anforderungen des Marktes berücksichtigenden Einteilung der Kunden in Segmente.*

b. Prüfbefunde

Für die Auswertung der Umfrageergebnisse stellt der Untersuchungsgegenstand der Privatkundensegmentierung ein Managementelement dar, das zu e_3^f: Marketing gezählt werden kann. Die Vorgehensweise ist analog zu 7.A.II. Die Einteilung potentieller Kunden erfolgt im Privatkundengeschäft klassisch nach sozio-ökonomischen und demographischen Kriterien (vgl. 1.B.IV.a.β.). Die Bildung von Kundensegmenten ermöglicht den Banken, für einzelne Gruppen spezifische Leistungsbündel anzubieten, die auf deren Bedürfnisse abgestimmt sind. Als Segmentierungskriterium wird das **Alter** von allen Sparkassen und Kreditgenossenschaften verwendet, in Kreditbanken überwiegend. Dem Kriterium Alter können vereinfacht Lebensabschnitte zugeordnet werden: Schulausbildung, Berufsausbildung, Berufstätigkeit, Familie, Rente. Allerdings berücksichtigt dieses Maß nicht die Haushaltsgröße, wobei offensichtlich Unterschiede in Einkommen, Vermögen und Präferenzen beispielsweise bei Familien mit Kindern oder Alleinstehenden des selben Alters bestehen. Das Kriterium **Haushaltsgröße** wird von den Kreditbanken nicht, von den Sparkassen und Kreditgenossenschaften eher nicht als Segmentierungskriterium genutzt.

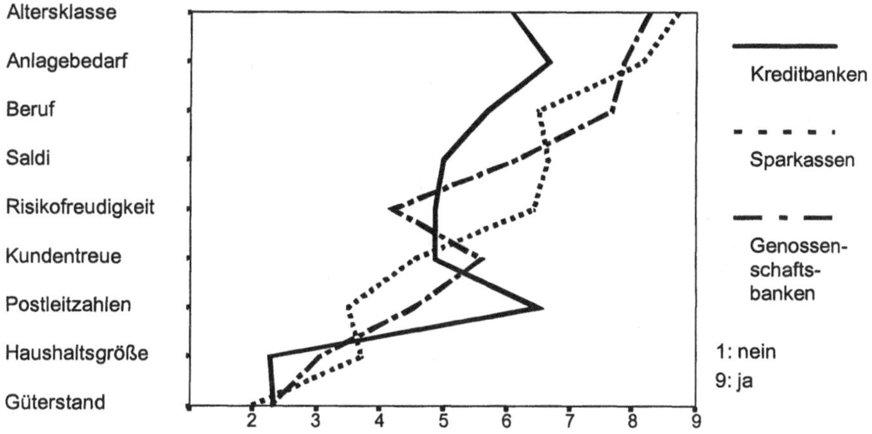

Abb. 19: Anwendung von Kriterien für die Segmentierung der Privatkunden. (Vgl. Anhang IV.20)

Mit der Zugehörigkeit zu einer Altersgruppe ist noch nichts über den **Anlagebedarf** ausgesagt. Sparkassen und Genossenschaftsbanken berücksichtigen bei der Einteilung von Zielgruppen die Anlagebedürfnisse, Kreditbanken überwiegend. Dabei bleibt im Rahmen der empirischen Erhebung unklar, anhand welcher Indikatoren dieses Kriterium erfaßt wird. Zur Unterstützung des Aussagegehalts der Anlagebedürfnisse dienen einerseits Kenntnisse über das Anlagevolumen, andererseits über die Risikoeinstellung des entsprechenden Kundensegments. Das Kriterium **Saldi** findet dabei in Sparkassen und Kreditgenossenschaften nur nachrangig Berücksichtigung, in Kreditbanken eher nicht. Daß dieses Kriterium nur wenig zur Segmentierung genutzt wird, verwundert, zumal der Anlagebedarf vom Einkommen, von Konsumgewohnheiten und damit verbunden von zu erwartendem Kreditbedarf abhängt. Auch Angaben über die **Risikofreudigkeit** werden nur vereinzelt genutzt, in Sparkassen noch am ehesten. Dabei gibt die Einstellung der Kunden gegenüber mit Bankleistungen verbundenen Risiken Aufschluß über die zu erwartende Nachfrage nach unterschiedlichen Bankleistungen (vgl. Inanspruchnahme von Krediten in den neuen Bundesländern überwiegend erst nach Erbringung eines Sparbeitrags, vgl. 1.A.II.b.).

Die Vornahme der Kundensegmentierung nach **Berufen** erfolgt in fast allen Kreditgenossenschaften, in Sparkassen überwiegend und in Kreditbanken zum Teil. In Zusammenhang mit den klassischen Kriterien Alter und Anlagebedarf ist eine entsprechende Segmentierung sinnvoll. Dieser Aspekt könnte jedoch in seinem Aussagegehalt Unterstützung durch Informationen über den jeweiligen **Güterstand** erhalten. Allerdings wird dieser Punkt von den Kreditinstituten im Untersuchungsgebiet nicht genutzt, wobei dadurch die Bonität der Kunden eingeschätzt werden könnte.

Zur Festlegung der Zielgruppen verwenden die Kreditinstitute in den neuen Bundesländern teilweise die **Kundentreue**. Dieser Aspekt ist zwar verglichen mit weiteren Kriterien nachrangig, überrascht dennoch, zumal treue Kunden ein gewisses Maß an Zufriedenheit mit den in Anspruch genommenen Bankleistungen ausdrücken und damit das Ergebnis von Kundenbeziehungen darstellen. Eine Unterteilung der Kunden nach **Postleitzahlen** findet in Sparkassen und Kreditgenossenschaften kaum Verwendung. Dieses Ergebniss steht im Einklang mit den Erkenntnissen der Einschätzung der Ausdehnung des geographischen Aktivitätsraums als wenig problematisch und der Bedeutung von Standorten als nachrangiges Marketinginstrument. Kreditbanken hingegen nutzen dieses Kriterium in verstärktem Maß, was die Vermutung einer gezielten Wahl der Standorte bestätigt. Ergänzend muß ausgeführt werden, daß drei Viertel aller Genossenschaftsbanken die **Zugehörigkeit** der Kunden **zur Genossenschaft** als Segmentierungskriterium nutzen. D.h. zwar einerseits, daß die Kunden nach ihrer Mitgliedschaft eingestuft werden, andererseits besteht in der Bedienung zwischen Mitgliedern und Nicht-Mitgliedern kein grundlegender Unterschied, das Dienstleistungsangebot bleibt dasselbe.

Alle Kreditinstitute in den neuen Bundesländern verwenden zur Identifikation ihrer Zielgruppen die klassischen Kriterien Alter, Beruf und Anlagebedarf, die aus dem alten Bundesgebiet dazugekommenen Kreditbanken nutzen in verstärktem Maß Kriterien zur Einteilung von Geschäftsregionen, was in Verbindung mit der gezielten Standortwahl begründet werden kann, Kreditgenossenschaften nutzen zudem Angaben über die Mitgliedschaft ihrer Kunden. Es bestehen somit signifikante Unterschiede im Segmentierungsverhalten zwischen den Institutsgruppen (vgl. Ergebnisse aus d_3^b in Tabelle 12). Die Privatkundensegmentierungs-Hypothese kann für Sparkassen aufrecht erhalten werden, sie nutzen ausschließlich klassische Kriterien. Kreditgenossenschaften bedienen sich zudem mit Informationen über die Mitgliedschaft in der Genossenschaft, für sie kann die getroffene Hypothese ebenfalls bestehen bleiben. Die Privatkundensegmentierungs-Hypothese muß für Westbanken jedoch verworfen werden, durch die Einbeziehung des geographischen Aspekts in die Segmentierung anhand klassischer Größen kann den Besonderheiten des Bankenmarktes in den neuen Bundesländern kaum angemessen Berücksichtigung beigemessen werden. Die Beantwortung der marketingbezogenen Systemhypothese erfolgt nach der Analyse der den Banken zur Verfügung stehenden Größen.

	Ostbanken vs. Westbanken	Sparkassen vs. Kreditgenossenschaften	Kreditinstitutsgruppen (1. Funktion)	Kreditinstitutsgruppen (2. Funktion)
Eigenvalue	0,5060	0,3048	0,5118	0,2168
Wilks' Lambda	0,664003	0,766418	0,543629	0,821850
Signifikanz	0,0000	0,0075	0,0000	0,0083
Korrekte Klassifizierung in %	88,39	70,33	63,39	

Tab. 12: Signifikanter Unterschied der mittleren Werte der Diskriminanzfunktionen für die Segmentierung von Privatkunden.

Für die Marktbearbeitung haben sich die Leistungspolitik sowie die Kommunikationspolitik als bedeutendste zielfördernde Instrumente herausgestellt. Damit ist die gezielte Ansprache von Kunden auf ihren Bankleistungsbedarf verbunden. Die überwiegend verwendeten Kriterien reichen jedoch kaum aus, um die in den neuen Bundesländern vorherrschenden sozio-demographischen Besonderheiten fokussiert zu erfassen. Dabei sei nur an die mit der hohen Arbeitslosigkeit verbundenen gesellschaftlichen Aspekte gedacht (vgl. 1.A.II.b.). Daher werden im folgenden eine Reihe weiterer Kriterien auf ihre Verfügbarkeit und damit ihrer sofortigen Einsetzbarkeit hin untersucht.

Alle Banken im Untersuchungsgebiet besitzen Kenntnis über die regionale Verteilung ihrer Kunden, abgebildet mit Hilfe der **Postleitzahlen**. Kreditbanken nutzen dieses Kriterium bereits, Sparkassen und Kreditgenossenschaften kann es, neben weiteren Kriterien, für die Überprüfung einzelner Standorte sowie zur Überarbeitung der Filialstrukturen dienen. Die Größen **Güterstand** und **Haushaltsgröße** werden von den Banken überwiegend nicht erfaßt. Daher finden sie auch bislang keine Verwendung, sollten aber hinsichtlich der Abschätzung der Nachfrage nach verschiedenen Dienstleistungsangeboten bekannt sein. Auch die Beurteilung des Nachfrageverhaltens ist nur schwer möglich, zumal den Banken kaum Informationen über die **Risikofreudigkeit** ihrer Kunden vorliegen. Die **Kundentreue** ist den Kreditinstituten zum Teil bekannt. Da diese ein Ergebnis von geschäftlichen Beziehungen zwischen Bank und Kunden darstellt und in gewisser Weise die Zufriedenheit der Kunden mit der Qualität der Bankleistungen ausdrückt (vgl. 1.B.IV.), kann dieses Wissen im Rahmen der Überarbeitung der bankbetrieblichen Zielsetzung sowie für die Unternehmungsplanung genutzt werden.

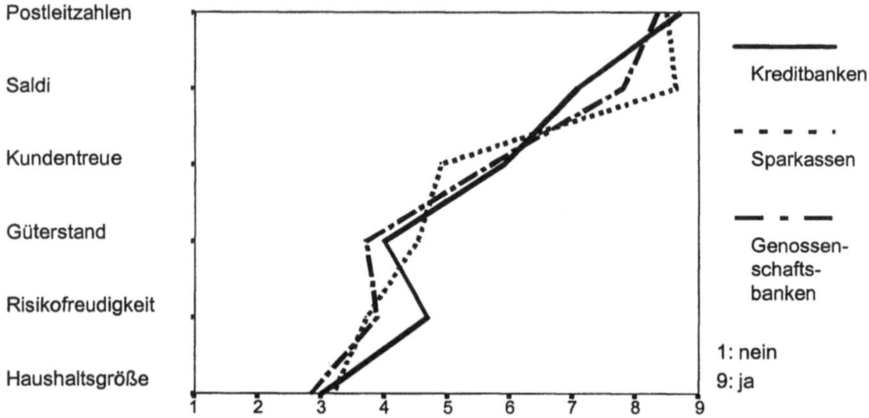

Abb. 20: Verfügbare Daten zur Segmentierung der Privatkunden. (Vgl. Anhang IV.21)

Insgesamt liegen den Banken in den neuen Bundesländern überwiegend klassische Kriterien zur Segmentierung von Privatkunden in Zielgruppen vor, signifikante Unterschiede können lediglich zwischen Ost- und Westbanken ausgemacht werden (vgl. Ergebnisse aus d_3^b in Tabelle 13). Die besonderen soziodemographischen Gegebenheiten im Untersuchungsgebiet können jedoch mit den vorliegenden Angaben nur schwer erfaßt werden. Die marketingbezogene Systemhypothese kann daher in dem Maße erhalten bleiben, als durch das Fehlen einer klaren Zielstellung, d.h. aufgrund von p_1, eine Identifiaktion von Zielgruppen kaum möglich ist: Welche Kriterien sollten schon für unbekannte zu erreichende Größen ausgewählt werden. Hinsichtlich der Erfassung von Einstellungen und Präferenzen bestehen jedoch methodische Schwierigkeiten, worin künftig Forschungsbedarf besteht (vgl. 1.B.IV.a.). Die Banken im Untersuchungsgebiet sollten sich vermehrt Kenntnis über den Bedarf, die Präferenzen und die Einstellungen ihrer Kunden verschaffen, zumal dadurch ein größerer Beitrag zur Zielerreichung geleistet werden kann.

	Ostbanken vs. Westbanken	Sparkassen vs. Kreditgenossenschaften	Kreditinstitutsgruppen (1. Funktion)	Kreditinstitutsgruppen (2. Funktion)
Eigenvalue	0,1780	0,1113	0,2376	0,0833
Wilks' Lambda	0,818917	0,899815	0,745882	0,923067
Signifikanz	0,0066	0,2364	0,0015	0,1223
Korrekte Klassifizierung in %	60,53			

Tab. 13: Signifikanter Unterschied der mittleren Werte der Diskriminanzfunktion für Ost- und Westbanken hinsichtlich verfügbarer Kriterien zur Segmentierung von Privatkunden.

II. Wachstumschancen von Dienstleistungen gegenüber Privatkunden

a. Hypothesen

Die Diskussion der Prüfbefunde über die Segmentierung der Privatkunden hat gezeigt, daß die sozio-demographischen Besonderheiten in den neuen Bundesländern nicht hinreichend erfaßt werden. Für das Angebot an Bankdienstleistungen kann für alle im Bankenmarkt vertretenen Institute eine einheitliche Annahme getroffen werden:

Privatkundengeschäft-Hypothese:

> Da alle Kreditinstitute in den neuen Bundesländern die spezifischen Kundenbedürfnisse nicht durch eine entsprechende Privatkundensegmentierung berücksichtigen, kann die Einschätzung von Wachstumspotentialen im Privatkundengeschäft nur in Zusammenhang mit den allgemein erwarteten Entwicklungen stehen.

b. Prüfbefunde

Für die Marktbearbeitung in den neuen Bundesländern kommt dem Instrument Leistungspolitik vorrangige Bedeutung zu (vgl. 7.A.II.). Untersuchungsgegenstand des folgenden Abschnitts sind daher Wachstumsaussichten einzelner Bankleistungen. Sie sind ebenfalls Bestandteil des Managementelements e_3^f: Marketing. Die Vorgehensweise erfolgt analog zu allen in Kapitel 7 vorgenommenen Auswertungen. Im Rahmen von Anlageleistungen stehen **Anlageberatung** und **Vermögensverwaltung** im Vordergrund. Hinsichtlich der allgemeinen Tendenz, Beratungsleistungen von Standarddienstleistungen zu trennen, prognostizieren alle Institutsgruppen einheitlich ein Wachstum von fünf bis zehn Prozent, d.h. den Beratungsleistungen wird große Bedeutung zugemessen. Inwieweit damit Wachstumsziele verfolgt werden können, hängt insbesondere von der Kenntnis des Kundenbedarfs und dem entsprechenden Leistungsangebot ab.

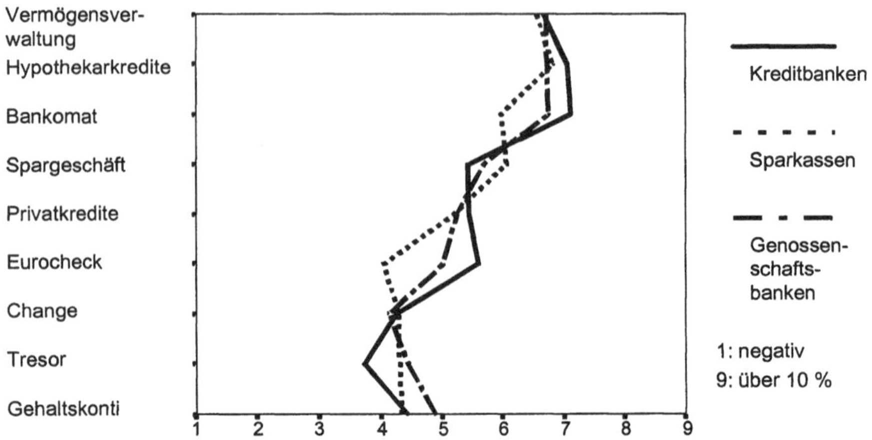

Abb. 21: Wachstumschancen von Privatkundengeschäften. (Vgl. Anhang IV.22)

Die künftige Steigerung des **Spargeschäfts** um fünf Prozent wird von allen Kreditinstituten annähernd gleich erwartet. Durch den hohen Anteil am Geschäftsvolumen tragen Spareinlagen zur günstigen Refinanzierung der Kreditinstitute bei und unterstützen daher Wachstumsziele. Aufgrund der starken Passivlastigkeit der Geschäftsstruktur insbesondere bei Sparkassen und Genossenschaftsbanken in den neuen Bundesländern bewegt sich das Spargeschäft bereits auf hohem Niveau (vgl. 3.B.). Eine Expansion um weitere 5 % ist daher überraschend und erfordert noch stärkere Bemühungen um Ausdehnung des Aktivgeschäfts, um die Bilanzstruktur langfristig auszugleichen.

Kreditleistungen gewinnen insgesamt mit vorausgesagtem Wachstum von fünf bis zehn Prozent für **Hypothekarkredite** sowie ein bis fünf Prozent für **private Kleinkredite** deutlich an Bedeutung. Allerdings nehmen Kredite bislang einen geringen Umfang in Relation zum Geschäftsvolumen und im Vergleich zu Sparleistungen ein. Allerdings sind die Ostbanken betrebt, das Aktivgeschäft auszuweiten um mittelfristig die Position der Ausgleichsforderungen gegen die öffentliche Hand abzubauen. Die Steigerungen im Hypothekargeschäft deuten auf die zunehmende Schaffung von Wohneigentum hin. Die Einschätzung der leichten Zunahme kleiner Privatkredite entspricht den Umfrageergebnissen des Instituts für Marktforschung Leipzig, wobei 67 % der Bevölkerung angaben, keinen Kredit für Anschaffungen aufzunehmen, ohne vorher gespart zu haben (vgl. 1.A.II.). Für die Bereitstellung von Kreditleistungen sind neben der Kenntnis über den Bedarf insbesondere Informationen über den Güterstand bzw. das Vermögen der nachfragenden Kunden notwendig, um die mit der Ausgabe von Krediten verbundenen Risiken zu mininieren.

In einem dritten Bankleistungsbereich, den Zahlungsverkehrsleistungen, haben **automatisierte Bankgeschäfte** die größten Aussichten auf Wachstum. Insbesondere Kreditbanken rechnen im Rahmen der zunehmenden Einrichtung von Kundenselbstbedienungsterminals mit einer Steigerung von über zehn Prozent. Mit dem Ausbau von Selbstbedienungseinrichtungen unabhängig von bisherigen Filialstandorten, z.B. in Einkaufszentren, versprechen sich die Kreditbanken eine Reduktion der Kosten im Zuge von Rationalisierungen bei Standardleistungen. Die Kreditgenossenschaften rechnen ebenfalls mit einer Steigerung von fünf bis zehn Prozent, wobei durch die Einrichtung von Selbstbedienungsterminals in ländlichen Regionen die Versorgung der Bevölkerung mit Bankleistungen entsprechend des Förderauftrags gegeben ist und die personalintensive Unterhaltung von Agenturen entlastet wird. Sparkassen schätzen die Zunahme mit einem bis fünf Prozent etwas geringer ein.

Ebenso erwarten die Sparkassen in den neuen Bundesländern bezüglich **Eurochecks** geringes Wachstum, was in Verbindung mit automatisierten Dienstleistungen auf allgemeine Zurückhaltung gegenüber mitarbeiterunabhängigen Bankleistungen hindeutet. Kredit- und Genossenschaftsbanken schätzen das Wachstum mit annähernd fünf Prozent analog zur gesteigerten Nutzung von Selbstbedienungseinrichtungen ein. Ergänzend weist die Einschätzung der Zunahme von **Gehaltskonti** nur geringes Wachstum auf. Der überwiegende Teil der Bankkunden verfügt bereits über ein Girokonto, das zur Abwicklung von Zahlungsverkehrsleistungen benötigt wird. Hinsichtlich einer Segmentierung der Privatkundschaft für ein gezieltes Angebot von Zahlungsverkehrsleistungen ist als Kriterium der Umfang der zu erwartenden Transaktionen ausreichend um den spezifischen Bedarf zu erfassen.

	Ostbanken vs. Westbanken	Sparkassen vs. Kreditgenossenschaften	Kreditinstitutsgruppen (1. Funktion)	Kreditinstitutsgruppen (2. Funktion)
Eigenvalue	0,1251	0,1956	0,2162	0,0645
Wilks' Lambda	0,888826	0,836414	0,772445	0,939450
Signifikanz	0,1039	0,0426	0,0235	0,4651
Korrekte Klassifizierung in %		66,35		

Tab. 14: Signifikanter Unterschied der mittleren Werte der Diskriminanzfunktion für Ostbanken hinsichtlich der Wachstumschancen von Privatkundendienstleistungen.

Zusammenfassend lassen sich hinsichtlich der Einschätzung von Zuwachsraten einzelner Bankleistungen, die auf dem gegenwärtigen Geschäftsvolumen basieren, nur unwesentliche Unterschiede zwischen den Institutsgruppen feststellen (vgl. Ergebnisse aus d_3^b in Tabelle 14). Ost- und Westbanken messen einzelnen Leistungen zur Befriedigung der Marktnachfrage in ähnlichem Ausmaß Bedeutung bei. Die Privatkundengeschäft-Hypothese kann nur teilweise erhalten werden, da mit der Identifikation der Anlageleistungen als Geschäftsbereich mit dem größten zu erwartenden Wachstum auf eine hinreichende Marktkenntnis geschlossen werden kann, zumal die Kunden in den neuen Bundesländern ein ausgeprägtes Sicherheitsstreben aufweisen. Die Marktkenntnis spiegelt sich jedoch kaum in der Vornahme der Zielgruppensegmentierung wider, die für die Einschätzung des Anlagebedarfs notwendigen Kenngrößen, z.B. Güterstand und Risikoeinstellung, finden bislang keine Berücksichtigung und werden nur unvollständig erhoben. Hierin besteht künftig Handlungsbedarf.

C. Marketing im Firmenkunden- und Interbankgeschäft

I. Segmentierung der Firmenkunden

a. Hypothesen

Auch wenn die Prüfbefunde der Privatkundensegmentierungs-Hypothese ergeben haben, daß Westbanken keine Kriterien nutzen, die den sozio-demographischen Besonderheiten in den neuen Bundesländern Rechnung tragen, soll diese Annahme für den Firmenkundenbereich aufrecht erhalten bleiben:

Firmenkundensegmentierungs-Hypothese für Westbanken:

> Die Segmentierung der Firmenkunden erfolgt in Groß-, Regional- und sonstigen Kreditbanken nach verschiedenen den wirtschaftlichen Besonderheiten im Untersuchungsgebiet angepaßten Kriterien.

Firmenkundensegmentierungs-Hypothese für Ostbanken:

> Ostdeutsche Kreditinstitute bedienen sich vorwiegend klassischer Kriterien zur Firmenkundensegmentierung.

b. Prüfbefunde

Die im Rahmen der empirischen Erhebung erfaßten Indikatoren zur Einteilung der Firmenkunden in Zielgruppen umfassen lediglich Branche, Betriebsgröße und Rechtsform und stellen damit Managementsubelemente e_{3j}^{f} dar. Alle drei Kriterien werden von den Kreditinstitutsgruppen überwiegend angewendet. Die Banken in den neuen Bundesländern räumen den Marketinginstrumenten der Leistungs- und Kommunikationspolitik vorrangige Bedeutung ein. Für das Firmenkundengeschäft hat sich bereits die Notwendigkeit zur intensiven Beratung in Verbindung mit strengem Controlling erwiesen. Das klassische Kriterium Branche hat sich, den Ergebnissen verschiedener Studien zufolge, nicht zwangsläufig als Indikator für problembehaftete oder sichere Unternehmungen erwiesen (vgl. KRÜGER 1988, S. 35).

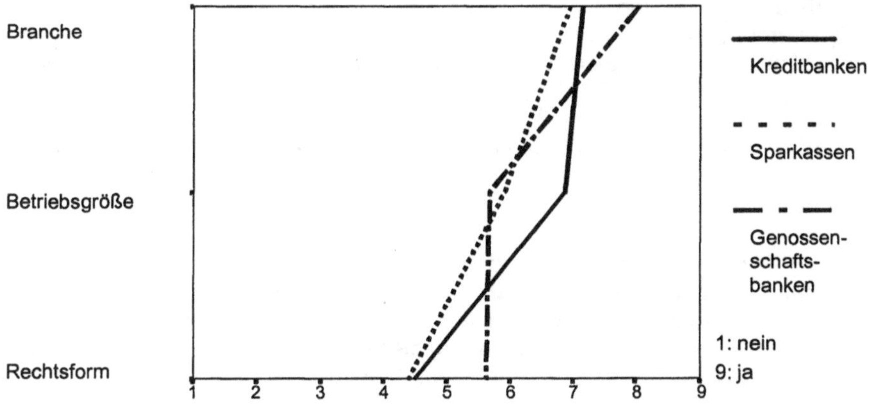

Abb. 22: Anwendung von Kriterien für die Segmentierung der Firmenkunden. (Vgl. Anhang IV.23)

Die Betriebsgröße läßt für sich genommen nicht zwangsläufig Rückschlüsse auf die Ertragskraft einer Unternehmung zu. Je nachdem anhand welcher Indikatoren die Betriebsgröße gemessen wird, lassen sich daraus auch nicht Kenngrößen wie Umfang der Geschäftstätigkeit, Produktivität, Kostenintensität oder Auftragslage ableiten. Die Rechtsform gibt zwar Aufschluß über mögliche Sicherheits- und Haftungsaspekte, leistet jedoch nur in Verbindung mit quantitativen Kenngrößen einen Beitrag zu Sicherheitszielen. Die Vornahme der Firmenkundensegmentierung fällt bei den Banken in den neuen Bundesländern wenig aufschlußreich aus, es existieren auch keine signifikanten Unterschiede (vgl. Ergebnisse aus d_3^b in Tabelle 15).

	Ostbanken vs. Westbanken	Sparkassen vs. Kreditgenossenschaften	Kreditinstitutsgruppen (1. Funktion)	Kreditinstitutsgruppen (2. Funktion)
Eigenvalue	0,0371	0,0560	0,0788	0,0074
Wilks' Lambda	0,964268	0,946940	0,920159	0,992660
Signifikanz	0,1689	0,1214	0,0746	0,6015

Tab. 15: Kein signifikanter Unterschied der mittleren Werte der Diskriminanzfunktionen für die Segmentierung von Firmenkunden.

Zu vermuten ist, daß die Zahl der Firmenkunden so gering ist, daß sie der einzelnen Bank bekannt sind bzw. dem Firmenkunden ein mit den entsprechenden Entscheidungsbefugnissen ausgestatteter Berater und Ansprechpartner für die in Anspruch genommenen Bankleistungen zur Verfügung steht. Damit muß die Firmenkundensegmentierungs-Hypothese für Westbanken verworfen werden, da die klassischen Kriterien kaum die besondere wirtschaftliche Lage von Unternehmungen in den neuen Bundesländern, insbesondere deren überwiegend dünne Eigenkapitaldecke, erfassen. Analog kann die Firmenkundensegmentierungs-Hypothese für Ostbanken aufrecht erhalten bleiben.

II. Wachstumschancen von Firmenkunden- und Interbankdienstleistungen

a. Hypothesen

Die Prüfbefunde haben ergeben, daß die Firmenkunden ebensowenig wie die Privatkunden anhand von Kriterien in Zielgruppen eingeteilt werden, die die Besonderheiten des Untersuchungsgebiets erfassen. Für die Einschätzung der Wachstumspotentiale von Firmenkundendienstleistungen kann analog für alle Kreditinstitute eine Annahme getroffen werden:

Firmenkundengeschäft-Hypothese:

> Die Einschätzung von Wachstumspotentialen im Firmenkundengeschäft steht in Zusammenhang mit den gesamtwirtschaftlich erwarteten Entwicklungen.

Die selbe Annahme soll in diesem Zusammenhang für das Interbankgeschäft getroffen werden.

b. Prüfbefunde

Die Analyse der Umfrageergebnisse hinsichtlich der Wachstumsaussichten einzelner Bankleistungen gegenüber Firmenkunden und auch im Interbankgeschäft erfolgt analog zu den Auswertungen in Kapitel 7, da sie ebenfalls Bestandteil des Managementelements e_3^f: Marketing sind. Größte Wachstumsaussichten haben kommerzielle Kredite. Mit fünf bis zehn Prozent Wachstumsaussichten kommt dem Firmenkundenkreditgeschäft in allen Institutsgruppen künftig große Bedeutung zu. Der prognostizierte Zuwachs konnte aufgrund von Erwartungen über die wirtschaftliche Entwicklung im Untersuchungsgebiet sowie dem damit verbundenen Kapitalbedarf angenommen werden (vgl. Statistische Beihefte zum Monatsbericht der Deutschen Bundesbank Nr. 4 - Saisonbereinigte Wirtschaftszahlen).

In der öffentlichen Kritik stehen jedoch insbesondere die Groß- und sonstigen Kreditbanken, ihnen wird vorgeworfen, bei der Kreditvergabe in den neuen Bundesländern zu zurückhaltend zu agieren. Die Untersuchungsergebnisse zeigen jedoch, daß das Firmenkundenkreditgeschäft in allen Kreditinstituten im Untersuchungsgebiet mit gleichen Aussichten auf Wachstum belegt wird. In Anbetracht der Tatsache, daß Sparkassen und Kreditgenossenschaften immer noch damit zu kämpfen haben, die stark passivlastige Geschäftsstruktur (vgl. 3.B.) auszugleichen und daher bestrebt sind, das Aktivgeschäft auszudehnen, das Wachstum für Unternehmungskredite jedoch gleich hoch prognostizieren wie die Westbanken, kann dieser Vorwurf nicht aufrecht erhalten bleiben.

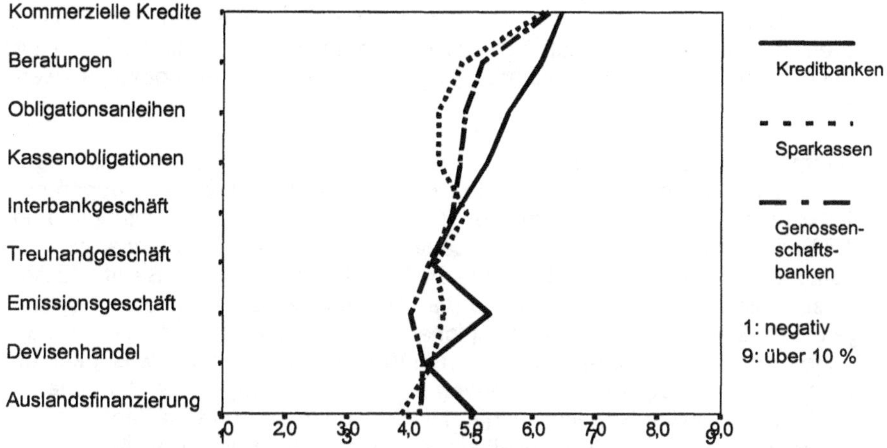

Abb. 23: Wachstumschancen von Firmenkunden- und Interbankgeschäften. (Vgl. Anhang IV.24)

Zudem muß berücksichtigt werden, daß das Kreditrisiko von ostdeutschen Firmen zwei- bis dreimal so hoch ist wie bei westdeutschen Unternehmungen, womit die Notwendigkeit eines strengen Controlling in Verbindung mit intensiver **Beratung** und Betreuung deutlich wird. Damit verbunden ist die künftig steigende Bedeutung von Beratungsleistungen, die von Kreditbanken mit eher fünf bis zehn Prozent Wachstum höher eingeschätzt wird als von Sparkassen und Kreditgenossenschaften mit ein bis fünf Prozent Steigerung.

	Ostbanken vs. Westbanken	Sparkassen vs. Kreditgenossen-schaften	Kreditinstituts-gruppen (1. Funktion)	Kreditinstituts-gruppen (2. Funktion)
Eigenvalue	0,1525	0,0865	0,1655	0,0651
Wilks' Lambda	0,867663	0,920349	0,805576	0,938899
Signifikanz	0,646	0,5332	0,1414	0,5233

Tab. 16: Kein signifikanter Unterschied der mittleren Werte der Diskriminanzfunktionen für Firmenkunden- und Interbankdienstleistungen.

Für alle weiteren Leistungen des Firmenkunden- sowie des Interbankgeschäfts werden nur geringe Zuwachsraten prognostiziert. Hinsichtlich des Firmenkundengeschäfts wir die Nachfrage aufgrund der Wirtschaftsstruktur kaum vermehrt erwartet. Auffällig ist lediglich das Emissionsgeschäft, das von Großbanken, Regional- und sonstigen Kreditinstituten mit einem Zuwachs von ca. fünf

Prozent beziffert wird. Sie werden demnach verstärkt in Emissionen involviert. Das Interbankgeschäft ist für die vorliegende Untersuchung nachrangig und findet daher keine weitere Berücksichtigung. Die für alle Institutsgruppen tendenziell gleich ausfallende Beurteilung künftiger Wachstumspotentiale im Firmenkunden- und Interbankgeschäft (vgl. Ergebnisse aus d_3^b in Tabelle 16) kann zur Aufrechterhaltung der Firmenkundengeschäft-Hypothese herangezogen werden.

Zusammenfassend läßt sich für den Marketingbereich festhalten, daß insgesamt in b_3^f nur minimale Unterschiede zwischen den Kreditinstitutsgruppen bestehen. In allen Banken kommt den Marketinginstrumenten Leistungs- und Kommunikationspolitik vorrangige Bedeutung zu. Für die Segmentierung der Privatkunden nutzen alle Kreditinstitute die Kriterien Altersklasse, Beruf und Anlagebedürfnisse, wobei insbesondere die überregional tätigen Groß- und sonstigen Kreditbanken zudem noch regional, anhand von Postleitzahlen, unterscheiden. Hinsichtlich des prognostizierten Wachstums räumen alle Banken im Untersuchungsgebiet in Zusammenhang mit Anlageleistungen die Vermögensverwaltung, bezüglich Kreditleistungen Hypothekarkredite und im Zahlungsverkehr der automatisierten Kundenselbstbedienung Priorität ein.

Die Untersuchung der Schlüsselprobleme im Marketingbereich p_3 hat ergeben, daß alle Institutsgruppen die selben Problemschwerpunkte in der persönlichen Bedienung sowie in der Kundenakquisition angeben. Die gleichlautende Einschätzung von Instrumenten b_3^f (d.h. $b_{3,1}^f <> b_{3,2}^f$) und Problembereichen p_3 führt zwar, im Gegensatz zum Führungsbereich, nicht unmittelbar zu dem Schluß, daß der Marketingbereich nicht direkt mit den Problemen bei der Zielsetzung p_1 in Zusammenhang gebracht werden kann. Aufgrund der Aufgabe eines Marketingprogramms, die Zielerreichung zu fördern, und dem Anspruch an die Zielbildung, Marktgegebenheiten zu berücksichtigen, ist wechselseitige Beziehung zwischen bankbetrieblichen Zielen e_1^f und Marketing e_3^f erkennbar. Damit können die im Marketingbereich auftretenden Probleme p_3 als Resultat der Unzulänglichkeiten im Zielsetzungsbereich p_1 betrachtet werden.

Zusammenfassung:

Die abschließende Betrachtung gilt der in Kapitel 4 aufgestellten Systemhypothese unter Verwendung des formalen Konzeptes aus 2.B. sowie unter Berücksichtigung der erhaltenen Systemhypothesen für die Managementelemente Zielbildung, Führung und Marketing: Die Ergebnisse aus Kapitel 5 haben bereits die Vermutung nahe gelegt, daß Probleme bei der Zielsetzung p_1 für Probleme im Führungs- (p_2) und Marketingbereich (p_3) verantwortlich sind. Kapitel 6 hat gezeigt, daß in allen Kreditinstituten Führungsinstrumente in unterschiedlichem Maß Verwendung finden ($b_{2,1}^f <> b_{2,2}^f$), dabei aber die selben Probleme p_2 auftreten. Der Zusammenhang v_2^f im Managementelement e_2^f Führung läßt sich also weniger durch die Begründung von Führungsproblemen p_2 in den zur Anwendung kommenden Führungsinstrumenten b_2^f beschreiben, sondern die Probleme bei der Zielsetzung p_1 sind für die Problematik p_2 verantwortlich.

Die in Kapitel 7 untersuchten Marketinginstrumente kommen ebenfalls in allen Banken im Untersuchungsgebiet in annähernd selbem Umfang zur Anwendung b_3^f (Ausnahme bildet dabei lediglich der Aspekt der Privatkundensegmentierung, wobei der Unterschied eher statistisch ist als er inhaltlich erhebliche Unterschiede aufweisen würde.) Zudem weisen alle Kreditinstitute die selben Probleme p_3 im Managementelement e_3^f: Marketing auf. Aufgrund des wechselseitigen Zusammenhangs v_i^f zwischen bankbetrieblichen Zielen e_1^f und der Marktorientierung e_3^f ist der Einfluß einer unzureichenden Zielsetzung p_1 auf die Gestaltung des Marketingmix b_3^f deutlich zu erkennen, die im Marketingbereich auftretenden Probleme p_3 sind somit Resultat von Problemen bei der Zielsetzung p_1.

Die eingangs aufgestellte Systemhypothese muß entweder verworfen oder ergänzt werden, da zwischen den Managementelementen Zielsetzung e_1^f, Führung e_2^f und Marketing e_3^f nicht lediglich ein zirkulärer Zusammenhang besteht, sondern die Zielsetzung e_1^f klar dominiert: In der Diskussion hat sich gezeigt, daß p_1 für p_2 und für p_3 verantwortlich gemacht werden kann. Unter Berücksichtigung der Verwendung der einzelnen Managementinstrumente b_i^f und durch Einsetzen von v_i^f in das formale Konzept des Bankmanagements m_i^f kann nachgewiesen werden, daß die Zielsetzung e_1^f über die Führung e_2^f und den Marketingbereich e_3^f dominiert.

Literaturverzeichnis

Adams, R. (1996): Customer Banking. Hochkarätiger Schliff für Ihr Kreditinstitut. In: Bank Magazin, Nr. 3, 1996, S. 12-15.

Andreß, H.-J. (1995): Fünf Jahre danach: Zur Entwicklung von Arbeitsmarkt und Sozialstruktur im vereinten Deutschland. Berlin 1995.

Aschhoff, G.; Henningsen, E. (1995): Das deutsche Genossenschaftswesen. Entwicklung, Struktur, wirtschaftliches Potential. 2. Aufl. Frankfurt/Main 1995.

Ashauer, G. (1990): Das Bankwesen in der Deutschen Demokratischen Republik. Struktur, Funktionen, Perspektiven. In: Sparkasse, Nr. 1, 1990, S. 8-22.

Backhaus, K.; Erichson, B.; Plinke, W.; Weiber, R. (1994): Multivariate Analysemethoden - eine anwendungsorientierte Einführung. 7. Aufl. Berlin 1994.

Baumgarten, R. (1977): Führungsstile und Führungstechniken. Berlin 1977.

Baxmann, U. G. (1995): Kreditwirtschaftliche Betriebsgrößen. Stuttgart 1995.

Bea, F. X. (1990): Entscheidungen des Unternehmens. In: Bea, F. X.; Dichtl, E.; Schweitzer, M. (Hrsg.): Allgemeine Betriebswirtschaftslehre. Band 1: Grundfragen. 5. Aufl. Stuttgart 1990, S. 301-328.

Bea, F. X.; Dichtl, E.; Schweitzer, M. (1991): Allgemeine Betriebswirtschaftslehre. Band 2: Führung. 5. Aufl. Stuttgart 1991.

Berekoven, L.; Eckert, W.; Ellenrieder, P. (1991): Marktforschung: methodische Grundlagen und praktische Anwendung. 5. Aufl. Wiesbaden 1991.

Berger, H. (1995): Arbeitsangebot und Erwerbsbeteiligung im Haushaltskontext. In: Andreß, H.-J.: Fünf Jahre danach: Zur Entwicklung von Arbeitsmarkt und Sozialstruktur im vereinten Deutschland. Berlin 1995, S. 43-64.

Berger, M. (1990): Geldverfassung in Deutschland Ost und West. In: Die Bank, Nr. 2, 1990, S. 71-75. Aufgaben und Gliederung des monetären Sektors in der DDR.

Bleymüller, J.; Gehlert, G.; Gülicher, H. (1994): Statistik für Wirtschaftswissenschaftler. 9. Aufl. München 1994.

Bodin, M.; Hübl, L. (Hrsg.) (1994): Banken in gesamtwirtschaftlicher Verantwortung. Stuttgart 1994. Darin: Der deutsche Vereinigungsprozeß und die Rolle der Banken. S. 221-236.

Börner, C. J. (1994): Öffentlichkeitsarbeit von Banken: Ein Managementkonzept auf der Basis gesellschaftlicher Exponiertheit. Wiesbaden 1994.

Börner, C. J. (1996): Entstehung und strukturelle Problemfelder des deutschen Bankensystems. In: Mitteilungen und Berichte, Universität zu Köln, Institut für Bankwirtschaft und Bankrecht, Nr. 76, 1996, S. 32-60.

Bosch, K. (1989): Elementare Einführung in die angewandte Statistik. 4. Aufl. Wiesbaden 1989.

Brilmayer, T. (1995): Kaufkraft: Der Osten holt auf. In: Bankinformation und Genossenschaftsforum, Nr. 18, 1995, S. 75.

Bühl, A.; Zöfel, P.(1994): SPSS für Windows Version 6: Praxisorientierte Einführung in die moderne Datenanalyse. Bonn 1994.

Bühler, W. u.a. (Hrsg.) (1990): Erfolgsfaktoren des Bankgeschäfts: Strategische Perspektiven für die Bundesrepublik, Österreich und die Schweiz. Bern 1990.

Bundesverband deutscher Banken (1994): Die privaten Banken in den neuen Bundesländern. Aufgabe, Engagement und Perspektiven. In: Informations-Dienst, Köln, März 1994.

Büschgen, H. E. (1981): Bank-Unternehmensführung. Frankfurt/Main 1981.

Büschgen, H. E. (1993): Bankbetriebslehre: Bankgeschäfte und Bankmanagement. 4. Aufl. Wiesbaden 1993.

Büschgen, H. E. (1995): Bankmarketing. Düsseldorf 1995.

Busse, C. (1996): Jede Großbank versucht es im Osten mit einer anderen Strategie. In: Handelsblatt vom 10.06.96, Nr. 109, S. 19.

Carl, K.-H. (1993): Zur Rolle der Banken beim Aufbau der Marktwirtschaft. In: Zeitschrift für die gesamte Kreditwirtschaft, Nr. 10, 1993, S. 456-458.

Chandler, A. D. Jr. (1962): Strategy and Structure: Chapters in the History of the Industrial Enterprise. Cambridge, Mass. 1962.

Cramer, J.-E. (1991): Die Marktforschung als Basis für den Einsatz des Marketing-Mix. In: Süchting, J.; Hooven, E. von: Handbuch des Bankmarketing. 2. Aufl. Wiesbaden 1991, S. 119-133.

Crone, B. (1977): Marktsegmentierung. Eine Analyse zur Zielgruppendefinition unter besonderer Berücksichtigung soziologischer und psychologischer Kriterien. Frankfurt/Main 1977.

Davis, S. I. (1989): Spitzenleistungen in Banken: ein Profil des erstklassigen Managements, das auf einem Einblick in Citibank, Deutsche Bank, Morgan und 13 weiteren ausgewählten Banken beruht. Wiesbaden 1989.

Dennig, U. (1991): Die Finanzstruktur in den neuen Bundesländern. In: Wirtschaftsdienst, Nr. 3, 1991, S. 125-131.

Dunstberger, H. (1995): Die lernende Bankorganisation. In: Bank Magazin, Nr. 4, 1995, S. 40-45.

Dunstheimer, L.; Lechner, F. (1996): Leistung leben - mit Qualität gewinnen. Die Einführung des TQM: ein Praxisbericht. In: Bankinformation und Genossenschaftsforum, Nr. 4, 1996, S. 57-60.

Eilenberger, G. (1975): Banken im Wettbewerb. Grundlagen und Instrumente bankbetrieblicher Wettbewerbspolitik. Berlin 1975.

Eilenberger, G. (1996): Bankbetriebswirtschaftslehre: Grundlagen - internationale Bankleistungen - Bank-Management. 6. Aufl. München 1996.

Esenwein-Rothe, I. (1959): Die Struktur des Bankwesens als Gegenstand wirtschaftsstatistischer Analyse. Berlin 1959.

Friedhoff, P. K. (1993): Das Kreditgewerbe als Partner. In: Zeitschrift für die gesamte Kreditwirtschaft, Nr. 10, 1993, S. 454-456.

Fuß, H.-D. (1991): Privatkreditvergabe in den neuen Bundesländern. In: Bank und Markt, Nr. 5, 1991, S. 40-43.

Gebert, D.; Ulrich, J. G. (1991): Benötigen Theorie und Praxis ein verändertes Verständnis von Führung? In: Die Betriebswirtschaft, Nr. 6, 1991, S. 749-761.

Geiger, H. (1992): Die deutsche Sparkassenorganisation. 2. Aufl. 1992 Frankfurt/Main.

Giesler, H. (1993): Direkt-Marketing bei Banken: ein Instrument der Qualitätspolitik. Wiesbaden 1993.

Güde, U. (1989): Geschäftspolitik der Sparkassen. Grundlagen und aktuelle Probleme. 5. Aufl. Stuttgart 1989.

Güthoff, J. (1995): Qualität komplexer Dienstleistungen: Konzeption und empirische Analyse der Wahrnehmungsdimensionen. Wiesbaden 1995.

Hahn, D. (1990): Integrierte Organisations- und Führungskräfteplanung im Rahmen der strategischen Unternehmungsplanung. In: Hahn. D.; Taylor, H.: Strategische Unternehmungsplanung, Strategische Unternehmungsführung. 5. Aufl. Heidelberg 1990, S. 401-423.

Hahn, O. (1981): Struktur der Bankwirtschaft. Band I: Banktypologie und Universalbanken. 2. Aufl. Berlin 1981.

Hardes, D.; Rahmeyer, F.; Schmid, A. (1988): Volkswirtschaftslehre: eine problemorientierte Einführung. 16. Aufl. Tübingen 1988.

Hauschildt, J. (1970): Organisation der finanziellen Unternehmensführung. Eine empirische Untersuchung. Stuttgart 1970.

Hauschildt, J. (1974): Bankmarketing. In: Tietz, B.: Handwörterbuch der Absatzwirtschaft. Stuttgart 1974.

Hauschildt, J. (1981): Strategische Elemente bankbetrieblicher Geschäftspolitik. In: Bitz, M.: Bank- und Börsenwesen. Band 2: Geschäftspolitik von Banken. München 1981, S. 1-34.

Hentze, J.; Brose, P. (1990): Personalführungslehre: Grundlagen, Führungsstile, Funktionen und Theorien der Führung. 2. Aufl. Bern u.a. 1990.

Henze, A. (1994): Marktforschung: Grundlage für Marketing und Marktpolitik. Stuttgart 1994.

Herdzina, K. (1991): Wettbewerbspolitik. 3. Aufl. Stuttgart 1991.

Hintsch, T. (1984): Geschäftsfeldsteuerung in Kreditinstituten. Eine Konzeption für die strategische Planung in Banken. Frankfurt/Main, 1984.

Hinz, H.; Weisenfeld, U. (1991): Anforderungen an eine Bank aus Sicht von Mitarbeitern und Kunden. In: Die Bank, Nr. 8, 1991, S. 435-440.

Institut für Marktforschung Leipzig (1995): Ausgewählte Ergebnisse zu Konsumverhalten und Konsumbedingungen der Haushalte im Gebiet des Ostdeutschen Sparkassen- und Giroverbandes. Zusatzaufbereitung von Ergebnissen der Umfrage zum Konsumklima im Februar/März 1995 für das Gebiet der OSGV in 745 Haushalten und exclusiver Zusatzfragen für den OSGV zum Sparen und zur Sparkassentechnik.

Irle, M. (1983): Marktpsychologie als Sozialwissenschaft. Göttingen 1983.

Janssen, J.; Laatz, W. (1994): Statistische Datenanalyse mit SPSS für Windows. Heidelberg 1994.

Karrer, S. (1986): Führungsgrundsätze: leere Worte oder lebendige Praxis? In: Congena (Hrsg.): Bank-Entwicklung: Strategien für die Bank der Zukunft. Wiesbaden 1986, S. 259-270.

Kastening, W. (1978): Die Werturteilsproblematik in den Wirtschafts- und Sozialwissenschaften - eine vergleichende Darstellung der bekanntesten wissenschaftstheoretischen Positionen. In: Das Wirtschaftsstudium, Nr. 2, 1978, S. 71-77.

Kesting, H. (1990): Die Finanzierung der Deutschen Einheit - ein Überblick. In: Die Bank, Nr. 7, 1990, S. 404-408.

Kilgus, E. (1985): Bank-Management in Theorie und Praxis. 2. Aufl. Bern u.a. 1985.

Kilgus, E. (1992): Grundlagen der Strukturgestaltung von Banken. Bern u.a. 1992.

Kilgus, E. (1994): Strategisches Bankmanagement. Bern u.a. 1994.

Kimmeskamp, P. (1996): Kundenorientierung will gelernt sein. Coaching (I). In: Bank Magazin, Nr. 2, 1996, S. 51-54.

Klein, S. (1993): Die Strategien der Großbanken in den neuen Bundesländern. Wiesbaden 1993.

Kloepfer, I. (1996): Neue Wege zum Bankkunden. In: Frankfurter Allgemeine Zeitung vom 10.10.96, Nr. 236, S. 17.

Kotler, P.; Bliemel, F. (1995): Marketing-Management: Analyse, Planung, Umsetzung und Steuerung. 8. Aufl. Stuttgart 1995.

Krafft, R. (1992): Westdeutsche Kreditinstitute in den neuen Bundesländern - Strategische Optionen bei der Kundenaquisition. Frankfurt/Main 1992.

Kreikebaum, H. (1987a). Strategische Unternehmensplanung. 2. Aufl. Stuttgart 1987.

Kreikebaum, H. (1987b): Strategische Führung. In: Kieser, A.: Handwörterbuch der Führung. Stuttgart 1987, Sp. 1898-1906.

Kreyenschmidt, G. (1990): Vom Finanz- zum Bankkaufmann in der DDR. In: Die Bank, Nr. 9, 1990, S. 504-507.

Kribben, M. (1994): Entwicklung des Konsumentenverhaltens in den neuen Bundesländern: ein entscheidungsorientierter Ansatz im Lichte des Bernoulli-Kriteriums. Frankfurt/Main 1994.

Kromrey, H. (1991): Empirische Sozialforschung. 5. Aufl. Opladen 1991.

Kronauer, M.; Vogel, B. (1995): Arbeitslos im gesellschaftlichen Umbruch. In: Andreß, H.-J.: Fünf Jahre danach: Zur Entwicklung von Arbeitsmarkt und Sozialstruktur im vereinten Deutschland. Berlin 1995, S. 139-162.

Krüger, W. (1988): Die Erklärung von Unternehmungserfolg: Theoretischer Ansatz und empirische Ergebnisse. In: Die Betriebswirtschaft, Nr. 1, 1988, S. 27-43.

Krüger, W.; Theissen, E.; Olemotz, T. (1992): Erfolgsfaktoren im Bankenbereich. In: Die Bank, Nr. 5, 1992, S. 254-261.

Krummrich, K. (1992): Ostdeutsche Wirtschaft im Wandel: Bestandsaufnahme und Perspektiven eines Aufholprozesses. Deutscher Sparkassen- und Giroverband, Bonn 1992.

Krupp, G. (1993a): Bankpreise zwischen wirtschaftlichen und „politischen" Notwendigkeiten. In: Die Bank, Nr. 2, 1993, S. 78-81.

Krupp, G. (1993b): Die Aufgaben der Banken. In: Zeitschrift für das gesamte Kreditwesen, Nr. 10, 1993, S. 438-440.

Kubista, B. (1990): Entwicklung des Bankensystems in der DDR. In: Bank Information, Nr. 7, 1990, S. 7-13.

Laakmann, W. (1990): Einflüsse der Kundensegmentierung und Zielgruppenbildung auf die Vertriebspolitik. In: Bank und Markt, Nr. 8, 1990, S. 10-13.

Lang, G.; Welzel, P. (1995): Technology and Cost Efficiency in Universal Banking. A „Thick Frontier"-Analysis of the German Banking Industry. Workingpaper Nov. 1995, University of Augsburg.

Leinberger, D. (1996): Wohnungssanierung und Privatisierung Ost - eine Bilanz. In: Der langfristige Kredit, Nr. 5 und 6, 1996, S. 170-172.

Loos, N. (1969): Die Marktpolitik der Kreditinstitute. Stuttgart 1969.

Lukas, A. (1995): So führen Sie Mitarbeiter innovativ. Mentales Reengineering. In: Bank Magazin, Nr. 3, 1995, S. 62-63.

Macharzina, K. (1977): Neuere Entwicklungen in der Führungsforschung. In: Zeitschrift für Organisation, Nr. 1, 1977, S. 7 ff.

Meffert, H. (1986): Marktforschung: Grundriß mit Fallstudien. Wiesbaden 1986.

Meffert, H. (1994): Marketing-Management: Analyse, Strategie, Implementierung. Wiesbaden 1994.

Meier, H. (1995): Strategische Planung und Personalentwicklung in Banken und Sparkassen: Anspruch, Schein und Wirklichkeit. Wiesbaden 1995.

Miketta, E. (1986): Strategiegerechte Organisationsstruktur für Kreditinstitute. In: Congena (Hrsg.): Bank-Entwicklung: Strategien für die Bank der Zukunft. Wiesbaden 1986, S. 151-165.

Morales, W. (1995): Geldvermögen und Anlageverhalten in den neuen Bundesländern. In: Zeitschrift für das gesamte Kreditwesen, Nr. 8, 1995, S. 387-391.

Müller, K.; Frick, J.; Hauser, R. (1996): Die hohe Arbeitslosigkeit in den neuen Bundesländern und ihre Verteilungswirkungen. In: Andreß, H.-J. (Hrsg.): Fünf Jahre danach: zur Entwicklung von Arbeitsmarkt und Sozialstruktur im vereinten Deutschland. Berlin 1996, S. 197-222.

Müller, S.; Lohmann, F.(1994): Polarisierte Preiswahrnehmung ostdeutscher Bankkunden. In: Die Bank, Nr. 3, 1994, S. 152-156.

Nader, G. (1993): Die Qualität von Bankdienstleistungen. In: Österreichisches Bankarchiv, Nr. 6, 1993, S. 454-463.

Neuberger, O. (1994): Führen und geführt werden. 4. Aufl. Stuttgart 1994.

Niederfeichtner, F. (1987): Qualifikation als Führungsproblem. In: Kieser, A.: Handwörterbuch der Führung. Stuttgart 1987, Sp. 1749-1758.

o.V. (1992): Aktivitäten der privaten Banken in den neuen Bundesländern. In: Die Bank, Nr. 6, 1992, S. 357-361.

Obst; Hintner (1993): Geld-, Bank- und Börsenwesen: ein Handbuch. 39. Aufl. Stuttgart 1993. Hrsg. von Kloten, N. und Stein, J. H. von.

Oxenfeldt, A. R. (1959): How to Use Market-Share Measurement. In: Harvard Business Review, Jan./Feb. 1959, S. 59-68.

Pahlen, D. (1993): Probleme bei der Privatisierung und Finanzierung von Unternehmen in den neuen Bundesländern. In: Zeitschrift für das gesamte Kreditwesen, Nr. 10, 1993, S. 440-454.

Passardi, A. (1994): Bank-Management und Bank-Kostenrechnung: die Bankkostenrechnung als Instrument für strategische Führung und Controlling. 2. Aufl. Bern u.a. 1994.

Pepels, W. (1996): Marketing. München 1996.

Picot, A.; Böhme, M. (1996): Multispezialist im Bankgeschäft. In: Die Bank, Nr. 1, 1996, S. 30-36.

Platzek, H.-J. (1995): Strategien im Privatkundengeschäft der Großbanken. In: Mitteilungen und Berichte, 26. Jhg. 1995, Nr. 72, Institut für Bankwirtschaft und Bankrecht an der Universität zu Köln, S. 4-22.

Pommerening, K. (1991): Datenschutz und Datensicherheit. Mannheim 1991.

Popp, W. (1994): Strategieplanung der Universalbanken: Soll und Ist. 9. Bankentagung an der Universität Bern. Bern u.a. 1994.

Porter, M. E. (1990): Wettbewerbsstrategie: Methoden zur Analyse von Branchen und Konkurrenten. 6. Aufl. Frankfurt/Main 1990.

Preisach, F.; Schmeding, A. (1996): Segmentierung der Kunden als Erfolgsbasis. In: Betriebswirtschaftliche Blätter, Nr. 7, 1996, S. 316-320.

Priewasser, E. (1992): Erfolgreichen Sparkassen auf der Spur. In: Betriebswirtschaftliche Blätter, Nr. 2, 1992, S. 95-104.

Puchta, R. (1977): Organisation einer marktorientierten Großbank. Probleme und Problemlösungen bei einer Neuorganisation. In: Süchting, J.: Der Bankbetrieb zwischen Theorie und Praxis. Festschrift, 1. Aufl. 1977, Wiesbaden, S. 55-66.

Pümpin, C. (1992): Strategische Erfolgspositionen: Methodik der dynamischen strategischen Unternehmensführung. Bern u.a. 1992.

Raab, G. (1990): Frühwarnindikatoren für Bankinsolvenzen. In: Bühler, W. u.a. (Hrsg.): Erfolgsfaktoren des Bankgeschäfts. Bern 1990, S. 77-101.

Regli, J. (1985): Bankmarketing: eine Abhandlung unter besonderer Berücksichtigung des Marketings in der Planung. Bern u.a. 1985.

Reisach, U. (1994): Bankunternehmensleitbilder und Führungsgrundsätze: Anspruch und Wirklichkeit. Stuttgart 1994.

Riedl, M. (1987): Ein Modell der absatzpolitischen Wirkung von Bankzweigstellen und dessen empirische Überprüfung. München 1987.

Rößner, W. (1994): Aufbau eines Zweigstellen-Netzes in den neuen Ländern. In: Bankinformation Nr. 6, 1994, S. 38-39.

Rudolph, B. (1986): Aufbau und Ablauf der strategischen Bankplanung. In: Congena (Hrsg.): Bank-Entwicklung: Strategien für die Bank der Zukunft. Wiesbaden 1986, S. 111-120.

Sachenbacher, H.-U. (1991): Prospektive Lebensdauerkalkulation von Kundenverbindungen in Kreditinstituten. München 1991.

Sander, C.-D. (1989): Kundensegmentierung nach Geschäftspotential. In: Bank und Markt, Nr. 6, 1989 S. 36-38.

Sauer, H. D. (1992): Personalpolitik zwischen Ost und West. In: Die Bank, Nr. 5,1992, S. 262-266.

Sauer, S. (1974): Wettbewerbsposition und Wettbewerbspolitik der Filialgroßbanken in der BRD. Wien 1974.

Schierenbeck, H. (1989): Grundzüge der Betriebswirtschaftslehre. 10. Aufl. München 1989.

Schmid, D. C. (1995): Qualitätsmanagement in Banken: Ansätze eines Managementsystems zur Erhöhung der Zufriedenheit der Bankkunden. Wien 1995.

Schmid, D. C. (1996): Kundenzufriedenheitsmanagement. In: Österreichisches Bankarchiv, Nr. 3, 1996, S. 179-184.

Schmidt, G. A. (1993): Der Aufbau des Sparkassenwesens in den neuen Bundesländern. In: Fretter, T. (Hrsg.): Ordnungspolitik vor neuen Aufgaben. Baden-Baden 1993.

Schmidt, R. (1995): Zur Entwicklung der Insolvenzen in Ost- und Westdeutschland. In: Elschen, R.: Unternehmenssicherung und Unternehmensentwicklung. Stuttgart 1995, S. 197-207.

Sieg, G. (1994): Die empirische Bedeutung von Rankingumkehrungen bei Scoring-Verfahren. In: Zeitschrift für Planung, Nr. 5, 1994, S. 163-172.

Schuster, L. (1979): Kleine und mittlere Banken im Wettbewerb: Die Abhängigkeit des Führungsverhaltens von Betriebsgröße und Marktvolumen. Bern 1979.

Seebauer, R. (1991): Strategische Erfolgsfaktoren. Die „mittleren" Privatkunden-Zielgruppe mit Zukunft. In: Bankkaufmann, Nr. 2, 1991, S. 12-15.

Siewert, K.-J. (1983): Bankbetriebliche Marktpolitik. Berlin 1983.

Singer, J. (1993): Non- und Nearbanks: Unbekannte Wesen? In: Zeitschrift für das gesamte Kreditwesen, Nr. 10, 1993, S. 890-893.

Sohler, M. (1994): Managementsysteme als strategische Herausforderung. Teil I: In: Die Bank, 6/94, S. 333-338. Teil II: In: Die Bank, 7/94, S. 418-421.

Spiegel, B. (1961): Die Struktur der Meinungsverteilung im sozialen Feld. Das psychologische Marktmodell. Bern 1961.

Staehle, W. H. (1991): Management: eine verhaltenswissenschaftliche Perspektive. 6. Aufl. München 1991.

Stein, F. A. (1994): Indikatoren zur Bestimmung der Leistung öffentlich-rechtlicher Sparkassen. Ergebnisse einer empirischen Untersuchung. In: Sparkasse, Nr. 12, 1994, S. 580-586.

Stein, J. H. von; Kerstien, H.; Gärtner, U. (1993): Bankunternehmenspolitik. In: Obst; Hintner: Geld-, Bank- und Börsenwesen. Stuttgart 1993.

Stein, J. H. von; Terrahe, J. (1991): Handbuch Bankorganisation. Wiesbaden 1991.

Steinmann, H.; Schreyögg, G. (1993): Management: Grundlagen der Unternehmungsführung: Konzepte- Funktionen- Fallstudien. 3. Aufl. Wiesbaden 1993.

Sterk, T. (1996): Kundenorientierung und Effizienzsteigerung. In: Sparkasse, Nr. 2, 1996, S. 60-64.

Süchting, J. (1992): Bankmanagement. 3. Aufl. Stuttgart 1992.

Süchting, J. (1996): Strategische Positionierung von privaten Banken: Teil I: Relationship-Banking als Marketingansatz. In: Zeitschrift für das gesamte Kreditwesen, Nr. 6, 1996, S. 263-267. Teil II: Beschwerdemanagement als Qualitätskontrolle. In: Zeitschrift für das gesamte Kreditwesen, Nr. 7, 1996, S. 309-312.

Süchting, J.; van Hooven, E. (1991): Handbuch des Bankmarketing. 2. Aufl. Wiesbaden 1991.

Tegeder, P. (1996): Business Reengineering als Grundlage eines ganzheitlichen Restrukturierungsprozesses in ostdeutschen Kreditinstituten. Frankfurt/Main, 1996.

Trumler, W. (1996a): Erfolgsfaktoren des Innovationsmanagements von Bankprodukten. In: Österreichisches Bankarchiv, Nr. 4, 1996, S. 253-263.

Trumler, W. (1996b): Erfolgsfaktoren des Innovationsmanagements von Bankprodukten: eine empirische Analyse von Innovationsprozessen in Banken. Frankfurt/Main u.a. 1996.

Ulbricht, B. (1996): Schlagkräftige Teams statt Einzelkämpfer. Einführung von Teamarbeit. In: Bank Magazin, Nr. 4, 1996, S. 13-15.

Ulrich, H. (1968): Die Unternehmung als produktives soziales System. Grundlagen der allgemeinen Unternehmungslehre. Stuttgart 1968.

Ulrich, H. (1978): Unternehmungspolitik. 1. Aufl. Bern u.a., 1978.

Ulrich, H.; Krieg, W. (1974): St. Galler Management-Modell. 3. Aufl. St. Gallen 1974.

Ulrich, H.; Krieg, W. (1987): Führungsmodelle - St. Galler Modell. In: Handwörterbuch der Führung. Hrsg. von Nieser, A. u. a. Stuttgart 1987, Sp. 621-629.

Ulrich, P.; Fluri, E.: (1995): Management: eine konzentrierte Einführung. 7. Aufl. Bern u.a. 1995.

Weber, M.; Krahnen, J.; Weber, A. (1995): Scoring-Verfahren - häufige Anwendungsfehler und ihre Vermeidung. In: Der Betrieb, Nr. 33, 1995, S. 1621-1626.

Wegner, M. (1993): Die neuen Bundesländer in der EG. 1. Aufl. Baden-Baden 1993.

Weinkauf, W. (1993): Zielgruppenidentifikation. In: Handbuch Firmenkundengeschäft. Das Firmenkundengeschäft auf dem Weg ins 21. Jahrhundert. Hrsg. von Juncker, K. und Priewasser, E., Frankfurt/Main 1993, S. 391-400.

Wilkening, O. S. (1986): Bewertung von Zukunftsmärkten durch bankspezifische Marktszenarien. In: Die Bank, Nr. 9, 1986, S. 447-450.

Wilkens, K. (1974): Inhalt und Problematik bankspezifischer Führungsinformationen. Dissertation, Hamburg 1974.

Winkler, G. (1990): Sozialreport DDR 1990: Daten und Fakten zur sozialen Lage in der DDR. Stuttgart u.a. 1990.

Wiswede, G. (1995): Einführung in die Wirtschaftspsychologie. 2. Aufl. München 1995.

Woll, A. (1984): Allgemeine Volkswirtschaftslehre. 8. Aufl. München 1984.

Wunderer, R. (1993): Führung und Zusammenarbeit: Beiträge zu einer Führungslehre. Stuttgart 1993.

Wunderer, R.; Grunwald, W. (1980): Führungslehre: Bd. 1: Grundlagen der Führung. Berlin 1980.

Wünsche, G.; Swoboda, U. (1994): Die Bedeutung von Zielgruppen für die fokussierte Universalbank. In: Die Bank, Nr. 5, 1994, S. 275-279.

Zimmermann, T. (1988): Erfolgreichen Sparkassen auf der Spur: eine Langzeitanalyse über Rahmenbedinungen, Erfolg und Marktanteil ausgewählter Banken. Bern 1988.

Zinn, B.; Stark, M. (1996): Qualitätsmanagement in Sparkassen. In: Sparkasse, Nr. 2, 1996, S. 65-68.

Anhang I: Soziodemographische Kenngrößen

(Quellen: Angaben der zuständigen statistischen Landesämter, Ergebnis des Mikrozensus im April 1995.)

Land Brandenburg

Einwohner: (31.12.1995)	2.542.042
Haushalte: gesamt: (04.1995)	1.073.600
eine Person: (04.1995)	300.000
mehrere Personen: (04.1995)	773.700
Erwerbstätige: insgesamt: (Jahresdurchschnitt 1995)	1.063.432
Arbeiter/Angestellte/Beamte:	977.487
Selbständig/mith. Familienangeh.:	85.945
Erwerbsquote (04.1995)	52,5%
Arbeitslose: (07.1996)	182.829
Hochschulabschluß: (04.1995)	182.400
Fachschulabschluß incl. Meisterabschluß: (04.1995)	135.000
Facharbeiter: (04.1995)	1.137.900
ohne Abschluß: (04.1995)	350.400
Auszubildende: (31.12.1995)	54.509
Bruttoinlands-/Regionalprodukt: (in DM; 1995)	62.965.000.000
monatl. Haushaltsnettoeinkommen: (1995)	
< 1.800 DM	25 %
1.800 bis 2.500 DM	20 %
> 2.500 DM	55 %
Geldvermögen privater Haushalte: (in DM; 1995)	28.145.000.000
Termingelder, Sparbriefe und Spareinlagen:(in DM; 1995)	27.695.000.000

Land Thüringen

Einwohner: (31.12.1995)	2.503.785
Haushalte: gesamt: (04.1995)	1.076.000
eine Person: (04.1995)	304.400
mehrere Personen: (04.1995)	771.600
Erwerbstätige: insgesamt: (04.1995)	1.091.300
Arbeiter/Angestellte/Beamte: (04.1995)	1.012.500
Selbständig/mith. Familienangeh.: (04.1995)	78.800
Beschäftigungsquote:	
Arbeitslose: (04.1995)	218.300
Bruttoinlandsprodukt: (in DM; unbereinigt 1995)	42.518.000.000
monatl. Erwerbstätigennettoeinkommen: (1995)	
< 1.400 DM	30 %
1.400 bis 2.500 DM	54 %
> 2.500 DM	16 %
Geldvermögen privater Haushalte: (in DM; 1995)	27.857.000.000
Termingelder, Sparbriefe und Spareinlagen: (in DM; 1995)	28.931.000.000

Land Mecklenburg-Vorpommern

Einwohner: (31.12.1995)	1.823.084
Haushalte: gesamt: (04.1995)	760.800
eine Person: (04.1995)	208.000
mehrere Personen: (04.1995)	552.800
Erwerbstätige: insgesamt: (1994)	744.845
Arbeiter/Angestellte/Beamte: (1994)	687.695
Selbständig/mith. Familienangeh.: (1994)	57.150
Arbeitslosenquote:	17,1 %
Arbeitslose: (05.1996)	140.654
Hochschulabschluß:	105.000
Fachschulabschluß incl. Meisterabschluß:	221.400
Facharbeiter:	774.100
Bruttowertschöpfung: (in DM unbereinigt 1995)	40.600.000.000
monatl. Haushaltsnettoeinkommen: (1995)	
< 1.400 DM	15 %
1.400 bis 2.500 DM	31 %
> 2.500 DM	54 %
Geldvermögen privater Haushalte: (in DM;1995)	26.380.000.000
Termingelder, Sparbriefe und Spareinlagen:(in DM; 1995)	17.678.000.000

Land Sachsen

Einwohner: (31.12.1995)	4.566.603
Haushalte: gesamt: (04.1995)	2.030.400
eine Person: (04.1995)	637.300
mehrere Personen: (04.1995)	1.393.000
Erwerbstätige: insgesamt: (04.1995)	1.973.600
Arbeiter/Angestellte/Beamte: (04.1995)	1.822.700
Selbständig/mith. Familienangeh.: (04.1995)	146.300
Arbeitslosenquote: (31.05.1996)	19,5%
Arbeitslose: (04.1995)	265.000
Hochschulabschluß: (04.1995)	365.400
Fachschulabschluß incl. Meisterabschluß: (04.1995)	532.100
Facharbeiter: einschließlich Fachschule (04.1995)	2.660.600
ohne Abschluß: (04.1995)	607.700
in Ausbildung: (04.1995)	97.100
Bruttoinlandsprodukt: (in DM; 1995)	109.250.000.000
monatl. Erwerbstätigennettoeinkommen: (1995)	
< 1.400 DM	26 %
1.400 bis 2.500 DM	55 %
> 2.500 DM	19 %
Geldvermögen privater Haushalte: (in DM; 1995)	33.519.000.000
Termingelder, Sparbriefe und Spareinlagen:(in DM; 1995)	62.864.000.000

Land Sachsen-Anhalt

Einwohner: (31.12.1995)	2.735.447
Haushalte: gesamt: (1995)	1.200.600
eine Person: (1995)	348.500
mehrere Personen: (1995)	852.100
Erwerbstätige: insgesamt: (Jahresdurchschnitt 1994)	1.174.400
Arbeiter/Angestellte/Beamte: (1995; einschl. Azubis)	1.095.700
Selbständig/mitarb. Familienangehörige: (1995)	78.700
Arbeitslosenquote: (im Jahresdurchschnitt 1995)	16,5%
Arbeitslose: (Bestand im Jahresdurchschnitt 1995)	208.149
Hochschulabschluß:	196.400
Fachschulabschluß (incl. Meisterabschluß):	296.000
Facharbeiter:	1.287.800
ohne Abschluß:	
in Ausbildung:	
Bruttoinlandsprodukt: (in DM zu jeweiligen Preisen unbereinigt 1995)	63.728.000.000
monatl. Erwerbstätigennettoeinkommen: (1995)	
< 1.400 DM	27 %
1.400 - 2.500 DM	57 %
> 2.500 DM	16 %
Geldvermögen privater Haushalte: (in DM; 1995)	26.840.000.000
Termingelder, Sparbriefe und Spareinlagen: (in DM; 1995)	28.176.000.000

Land Berlin-Ost

Einwohner: (31.12.1995)	1.301.107
Haushalte: gesamt: (04.1995)	650.000
eine Person: (04.1995)	264.600
mehrere Personen: (04.1995)	385.400
Erwerbstätige: insgesamt: (04.1995)	622.300
Arbeiter/Angestellte (ohne Beamte): (04.1995)	550.500
Selbständig/mith. Familienangeh.: (04.1995)	49.800
Erwerbsquote: (04.1995)	56,4%
Arbeitslose: (Durchschnitt 1995)	75.561
Hochschulabschluß: (04.1995)	204.100
Fachschulabschluß incl. Meisterabschluß: (04.1995)	157.600
Facharbeiter:	474.700
ohne Abschluß: (04.1995)	139.100
in Ausbildung: (04.1995)	85.646
Bruttoinlandsprodukt: (in DM zu jeweiligen Preisen 1994)	39.228.000.000

Anhang II: Anschreiben an die Kreditinstitute

Universität Rostock
Wirtschafts- und Sozialwissenschaftliche Fakultät
Lehrstuhl für ABWL, Bankbetriebslehre und Finanzwirtschaft
Dr. Meyer-Struckmann-Stiftungsprofessur
Prof. Dr. Guido Eilenberger, Parkstraße 6, 18051 Rostock
Telefon: (0381) 498-2880, -2881, Telefax: 4904959

Universität Rostock, Lehrstuhl für ABWL, Bankbetriebslehre
Prof. Dr. G. Eilenberger, Parkstraße 6, 18051 Rostock

Rostock, den 19.03.96

Umfrage zum Bankmarketing in den Neuen Bundesländern

Sehr geehrte

im Rahmen der Forschungsarbeit an meinem Lehrstuhl für ABWL, Bankbetriebslehre und Finanzwirtschaft an der Universität Rostock haben wir Ende des vergangenen Jahres eine Umfrage zum **Entwicklungsstand des Bankmarketing** gestartet, die sich an alle Kreditinstitute in Mecklenburg-Vorpommern richtete.
Die Beteiligung seitens der angesprochenen Banken war sehr hoch. Die Ergebnisse sind sehr aufschlußreich und aussagekräftig. Der Erfolg dieser Projektstudie macht für unsere Forschungsarbeit eine Ausdehnung der Befragung auf **alle** in den Neuen Bundesländern tätigen Kreditinstitute sinnvoll und auch notwendig.
Darum bitte ich Sie sehr herzlich, dieses wichtige Forschungsvorhaben auf Basis einer **Vollerhebung** zu unterstützen und dazu den beigefügten kurzen Fragebogen zu diesem Kerngebiet des Bankmanagement auszufüllen. Ich sichere Ihnen absolute Anonymität und Vertraulichkeit bezüglich Ihrer Angaben zu. Geben Sie daher bitte den ausgefüllten Fragebogen in einen neutralen Umschlag ohne Absenderangabe und senden diesen in einem anderen Umschlag mit Ihrem Absender zu, damit wir für wissenschaftliche Zwecke den Rücklauf kontrollieren können.
Selbstverständlich erhalten Sie bei erfolgter Mitarbeit an der Umfrage ein Exemplar des Analyseergebnisses. Sollten Sie Rückfragen haben, wenden Sie sich bitte an die Projektleiterin, Frau Dipl. Kff. t.o. Matija D. Mayer, Tel. 0381/498-2949.

Mit bestem Dank für Ihre Mitarbeit und freundlichen Grüßen

gez. Prof. Dr. Guido Eilenberger

Universität Rostock

Wirtschafts- und Sozialwissenschaftliche Fakultät
Lehrstuhl für ABWL, Bankbetriebslehre und Finanzwirtschaft
Dr. Meyer-Struckmann-Stiftungsprofessur
Prof. Dr. Guido Eilenberger, Parkstraße 6, 18051 Rostock
Telefon: (0381) 498-2880, -2881, Telefax: 4904959

Universität Rostock, Lehrstuhl für ABWL, Bankbetriebslehre
Prof. Dr. G. Eilenberger, Parkstraße 6, 18051 Rostock

Rostock, den 06.05.96

An den Vorstand der

Führungsverhalten und Bankmarketing in den Neuen Bundesländern

Sehr geehrte,

mit Schreiben vom 19. März 1996 haben wir Sie um Mitarbeit an einer wissenschaftlichen Analyse zum Führungsverhalten und zum Bankmanagement gebeten. Bedauerlicher Weise ist eine Antwort Ihrerseits bislang ausgeblieben.

In Anbetracht der drängenden Fragen zur Weiterentwicklung des Bankensektors in den Neuen Bundesländern ist Ihre Mitwirkung an diesem Projekt sehr wichtig, können doch die daraus abgeleiteten Ergebnisse wesentliche Informationen auch für Ihr Institut zur Positionierung im Wettbewerb geben. Dies ist für Sie möglich, da Sie im Falle Ihrer Teilnahme die Ergebnisse in kompakter Form unter Wahrung der Anonymität erhalten werden.

Für den Fall, daß der Fragebogen nicht mehr zugänglich sein sollte, lege ich zu Ihrer Bedienung ein weiteres Exemplar diesem Schreiben bei und bitte bei Rücksendung zu beachten, daß der Fragebogen selbst in einem neutralen Umschlag an uns zurückgesandt wird. Für eine Erledigung bis zum 31. Mai 1996 wären wir sehr dankbar.

Sollten Sie Rückfragen haben, wenden Sie sich bitte an die Projektleiterin, Frau Dipl. Kff. t.o. Matija D. Mayer, Tel. 0381/498-2949.

Nochmals besten Dank für Ihr Verständnis und Ihre Mithilfe.
Mit freundlichen Grüßen

gez. Prof. Dr. Guido Eilenberger

Anhang III: Fragebogen

Lehrstuhl für ABWL, Bankbetriebslehre und Finanzwirtschaft * Prof. Dr. G. Eilenberger * Universität 18051 Rostock * Parkstr. 6

Umfrage Bankmarketing in den neuen Bundesländern

1) Welche Führungsinstrumente verwendet Ihre Bank?

	nicht vorhanden	teilweise vorhanden	vorhanden
schriftlich formuliertes Leitbild			
schriftlich formulierte Unternehmungspolitik			
schriftlich formuliertes Marketingkonzept			
schriftlich formulierte Personalpolitik			
Führungsrichtlinien			
dokumentierte Mehrjahrespläne			
1-Jahres-Maßnahmenpläne			
Jahresbudgets			
Projektpläne			
persönliche Jahresziele			
Leistungsbewertung			

2) Welche Zielgruppen sprechen Sie insbesondere an bzw. möchten Sie ansprechen? Können Sie Ihren Kundenkreis auch entsprechend segmentieren?

	Zielgruppe		Segment bestimmbar	
	ja	nein	ja	nein
nach Altersklassen				
nach Geschlecht				
nach Beruf (Private)				
nach Haushaltsgröße (Private)				
nach Branchen (Industrie usw.)				
nach Betriebsgröße (Industrie usw).				
Domizil				
Postleitzahlen				
Nationalität				
Sprache				
Stellung im Beruf				
Rechtsform				
Güterstand				
Anlagebedürfnisse				
Risikofreudigkeit				
Genossenschafter				
Landwirte				
Saldi				
Kundentreue				
weitere:				

3) Wie beurteilen Sie die Entwicklung der Konkurrenzsituation?

- ☐ mittlere Konkurrenz
- ☐ verschärfte Konkurrenz ohne Preiskampf
- ☐ harter Konkurrenzkampf mit allen Mitteln

4) In welchen Bereichen sehen Sie die wichtigsten Führungsprobleme?

	1	2	3	4	5
richtige Entscheidungsfindung/Kreativität					
Durchsetzung von Entscheidungen					
Kontrolle und Revision					
Entwicklung einer Unternehmungspolitik					
Entwicklung von Marketing-Konzepten					
fundierte Planung					
wirkungsvolle Personalführung					
rasche Reaktion auf Marktveränderungen					

(1: sehr wichtig; 5: unbedeutend)

5) Welche Marketinginstrumente dürften nach Ihrer Auffassung in Zukunft besonders wichtig sein?

	sehr bedeutgv.	bedeu-tungsvoll	mittel	weniger wichtig	un-wichtig
umfassendes Leistungsangebot					
guter Service (Bedienung/Beratung)					
guter Standort					
günstige Konditionen					
Werbung					
Akquisition (Verkauf)					

6) Wie beurteilen Sie die Wachstumschancen für folgende Bankleistungen?

	negativ	0 %	1-5 %	6-10 %	> 10 %
Kommerzielle Kredite					
Hypothekarkredite					
Privat- (Klein-)Kredite					
Auslandsfinanzierungen					
Spargeschäft					
Kassenobligationen					
Obligationsanleihen					
Interbankgeschäft					
Treuhandgeschäft					
Emissionsgeschäft					
Anlageberatg., Vermögensverwaltg.					
Bankomat					
Eurocheck					
Beratungen/Fusionen					
Change					
Tresor					
Devisenhandel					
Gehaltskonti					

7) Hat Ihre Bank in den letzten fünf Jahren eine Marktforschung durchgeführt?

☐ nein ☐ ja Wenn ja, welcher Art?
- ☐ Fragebogenumfrage
- ☐ Motivforschung
- ☐ andere?

____

Wenn ja, mit welcher Zielsetzung haben Sie diese durchgeführt?

____

____

____

8) In welchen Bereichen sehen Sie die Schlüsselprobleme Ihrer Bank?

	1	2	3	4	5
Sicherstellen des Wachstums					
Ausweitung des geografischen Aktivitätsraumes					
Kosteneindämmung					
Verbesserung der Marktstellung					
Ausweitung des Leistungsangebots					
flexible Konditionenpolitik					
Kundenakquisition/Werbung					
Standorte					
Risikoabsicherung					
Reservenbildung					
Rationalisierung der Arbeitsabläufe					
Erhöhung der Leistungsfähigkeit der Mitarbeiter					
Erhöhung der Leistungsfähigkeit der Führungskräfte					
bessere Kooperation mit anderen Banken					
Mitarbeiterschulung					
Verbesserung der Führungsinformation					
Beziehung zur Umwelt					
Information					
Zielsetzung					
Personalpolitik					
pers. Bedienung					

(1: wichtig; 5: unbedeutend)

9) Wie denken Sie über die Lösung von Schlüsselproblemen durch Fusion?

- ☐ grundsätzlich aufgeschlossen
- ☐ gute Möglichkeit
- ☐ denkbar
- ☐ geplant
- ☐ keine geeignete Maßnahme
- ☐ bereits fusioniert und damit
  - ☐ gute Erfahrungen gemacht
  - ☐ Schlüsselprobleme nicht gelöst

10) Wie beurteilen Sie die Substitutionsgefahr (z. B. durch Versicherungsgesellschaften)?

☐ gering ☐ mittel ☐ groß

11) Versucht Ihre Bank bewußt, sich gegenüber der Konkurrenz zu profilieren?

☐ ja ☐ nein

12) Zum Schluß noch einige Angaben zu Ihrem Institut:
(Überregional tätige Institute beziehen sich bitte auf ihr jeweiliges Geschäftsgebiet)

a) Zu welchem Bankentypus gehört Ihre Bank?

☐ Großbank
☐ Sparkasse
☐ Kreditgenossenschaft
☐ Realkreditinstitut
☐ Regional- oder sonstige Kreditbank
☐ Sonstige

b) In welchem Bundesland befindet sich Ihr Kreditinstitut?

☐ Brandenburg ☐ Berlin ☐ Sachsen ☐ Sachsen-Anhalt ☐ Thüringen

c) Wieviele Mitarbeiter beschäftigt Ihre Bank?

☐ 1-49 ☐ 50-99 ☐ 100-149 ☐ 150-199 ☐ 200-499 ☐ > 500
oder genau ☐ ______________

d) Wieviele Zweigstellen/Geschäftsstellen/Filialen/Agenturen u.ä. unterhalten Sie?

☐ vier oder weniger ☐ fünf bis neun ☐ zehn bis vierzehn ☐ fünfzehn oder mehr
oder genau ☐ __________________

e) Welche Bilanzsumme wies Ihr Institut im Geschäftsjahr 1994 aus?

____

f) Können Sie ungefähre Angaben zu der Zahl der Kundenkonten machen?

Stichtag: _____________

Aktivkonten: ☐ genau: ______________
☐ < 1 000 ☐ 1 000 - 4 000 ☐ 4 000 - 10 000 ☐ > 10 000

Passivkonten: ☐ genau: ______________
☐ <10 000 ☐ 10 000 - 20 000 ☐ 20 000 - 30 000 ☐ > 30 000

Privatkonten: ☐ genau: ______________
☐ < 20 000 ☐ 20 000 - 60 000 ☐ 60 000 - 100 000 ☐ >100 000

Geschäftlich genutzte Konten: ☐ genau: ______________
☐ < 1 000 ☐ 1 000 - 2 500 ☐ 2 500 - 5 000 ☐ > 5 000

Insgesamt: ☐ genau: ______________
☐ < 20 000 ☐ 20 000 - 40 000 ☐ 40 000 - 100 000 ☐ > 100 000

g) Wie hoch schätzen Sie Ihren Marktanteil ein?

☐ < 5 % ☐ 5 - 10 % ☐ 10 - 20 % ☐ 20 - 50 % ☐ > 50 %

Anhang IV: Datenmaterial

IV.1: Beteiligung:

12. a)	gesamt	Großbanken und Regionalkreditinstitute	Sparkassen	Kreditgenossenschaften
beteiligt	181	36	61	84
befragt	367	71	108	188
prozentual	49,3	50,7	56,5	44,7

IV.2: Bundesland:

12. b)	Brandenburg	Mecklenburg-Vorpommern	Sachsen	Sachsen-Anhalt	Thüringen
gesamt	36	43	59	34	39
Großbanken u.a.	10	14	19	9	12
Sparkassen	9	13	16	14	9
Kreditgenossenschaften	17	16	24	11	18

(Mehrfachnennungen möglich)

IV.3: Zahl der Geschäftsstellen:

12. d)	4 und weniger	5 bis 9	10 bis 14	15 und mehr
gesamt	16	46	38	64
Großbanken u.a.	1	1	6	15
Sparkassen	2	4	15	39
Kreditgenossenschaften	13	41	17	10

IV.4: Zahl der Mitarbeiter:

12. c)	< 50	50-99	100-149	150-199	200-499	>500
gesamt	35	42	17	14	42	29
Großbanken u.a.	4	4	3	1	9	14
Sparkassen		2	5	9	32	13
Kreditgenossenschaften	31	36	9	4	1	2

IV.5: Bilanzsumme im Geschäftsjahr 1994:

(in Mio DM)				Perzentile		
12. e)	Mittelwert	Minimum	Maximum	25	50	75
gesamt	1232,35	82,00	30000,00	193,0	482,5	1200,0
Großbanken u.a.	7415,00	300,00	30000,00	765,0	1750,0	15875,
Sparkassen	1640,25	167,00	9200,00	829,5	1182,5	1940,7
Kreditgenossen-schaften	284,46	82,00	2600,00	150,0	209,5	794,5

IV.6: Marktanteil:

12. g)	<5 %	5-10 %	10-20 %	20-50 %	>50 %
gesamt	19	25	33	17	43
Großbanken u.a.	10	9	1	2	
Sparkassen			1	3	43
Kreditgenossen-schaften	9	16	31	12	

IV.7: Gesamtzahl der Konten:

12. f) a	<20000	20000-40000	40000-100000	>100000
gesamt	33	29	22	46
Großbanken u.a.	3	1	3	7
Sparkassen	1	2	13	39
Kreditgenossen-schaften	29	26	6	

IV.8: Zahl der Privatkonten:

12. f) d	<20000	20000-60000	60000-100000	>100000
gesamt	53	35	13	28
Großbanken u.a.	7	1		6
Sparkassen	2	21	13	21
Kreditgenossen-schaften	44	13		1

IV.9: Zahl der Firmenkonten:

12. f) e	<1000	1000-2500	2500-5000	>5000
gesamt	21	32	41	35
Großbanken u.a.	3	1	2	8
Sparkassen		11	27	20
Kreditgenossen-schaften	18	20	12	7

IV.10: Zahl der Passivkonten:

12. f) c	<10000	10000-20000	20000-30000	>30000
gesamt	19	40	11	71
Großbanken u.a.	4	1	2	10
Sparkassen		2	1	51
Kreditgenossen-schaften	15	37	8	10

IV.11: Zahl der Aktivkonten:

12. f) b	<1000	1000-4000	4000-10000	>10000
gesamt	6	41	46	45
Großbanken u.a.	2	1	5	9
Sparkassen		3	15	35
Kreditgenossen-schaften	4	37	26	1

IV.12: Zielbezogene Schlüsselprobleme

	Kreditbanken	Sparkassen	Genossen
Zielsetzung	5,97	6,49	6,55
Sicherstellen des Wachstums	6,72	6,87	6,90
Verbesserung der Marktstellung	7,61	6,07	7,17
Kosteneindämmg.	7,50	7,56	7,74
Reservenbildung	5,97	6,83	7,45
Risikoabsicherung	6,83	7,53	7,45
Ausweitung geogr. Aktivitätsraum	3,67	1,82	3,00

IV.13: Führungsbezogene Schlüsselprobleme

	Kreditbanken	Sparkassen	Genossen
Personalpolitik	6,83	6,93	6,83
Erhöhung der Mitarbeiterleistung	7,72	7,66	7,51
Rationalisierung der Arbeitsabläufe	7,22	7,67	7,43
Mitarbeiterschulung	7,23	6,38	6,81
Erhöhung der Führungsleistung	7,28	7,52	7,38
Verbesserung d. Führgsinformation	6,33	6,83	6,67
Information	6,28	6,33	6,26

IV.14: Schlüsselprobleme bezüglich des Marketingprogramms

	Kreditbanken	Sparkassen	Genossen
pers. Bedienung	6,83	7,07	6,78
Kundenakquisition	7,22	6,84	7,12
flex. Konditionenpolitik	6,17	6,44	6,37
Ausweitung des Leistungsangebots	5,50	4,84	5,46
Beziehung zur Umwelt	5,17	4,86	4,95
Standorte	4,26	4,44	4,86

IV.15: Einsatz langfristiger Führungsinstrumente

	Kreditbanken	Sparkassen	Genossen
schriftlich formuliertes Leitbild	6,89	4,86	5,54
schriftlich formulierte Unternehmungspolitik	7,78	5,80	5,44
schriftlich formuliertes Marketingkonzept	7,40	6,57	4,60
schriftlich formulierte Personalpolitik	6,56	5,07	4,29
Führungsrichtlinien	7,67	4,47	5,42
dokumentierte Mehrjahrespläne	6,94	6,22	3,50

IV.16: Einsatz kurzfristiger Führungsinstrumente

	Kreditbanken	Sparkassen	Genossen
1-Jahres-Maßnahmenpläne	8,20	7,67	7,62
Jahresbudgets	8,44	7,75	7,07
Projektpläne	8,18	6,93	6,10
persönliche Jahresziele	7,33	5,87	7,29
Leistungsbewertung	8,11	6,18	5,40

IV.17: Führungsprobleme

	Kreditbanken	Sparkassen	Genossen
fundierte Planung	6,03	7,20	7,00
Entwicklung einer Unternehmungspolitik	6,00	7,16	7,05
richtige Entscheidungs-findung/Kreativität	7,23	7,47	7,82
Kontrolle und Revision	5,51	5,72	6,44
Entwicklung von Marketing-Konzepten	6,26	6,61	6,73
rasche Reaktion auf Marktveränderungen	7,34	7,20	7,39
wirkungsvolle Personalführung	7,51	7,75	7,55
Durchsetzung von Entscheiden	6,20	6,93	7,34

IV. 18: Durchführung von Marktforschung:

7.	gesamt	Kreditbanken	Sparkassen	Genossen
nein	73	8	14	51
Fragebogen	67	13	33	21
Motivforschung	2		1	1
andere	23	4	9	10
Fragebogen + Motivforschung	6	5	1	
Fragebogen + andere	6	5	1	
Fragebogen + andere + Motivforschung	3	1	2	

(Mehrfachnennungen möglich)

IV.19 Zukünftige Bedeutung von Marketinginstrumenten

	Kreditbanken	Sparkassen	Genossen
umfassendes Leistungsangebot	7,06	6,70	7,20
guter Service (Bedienung/Beratung)	8,83	8,90	8,88
guter Standort	5,78	6,21	6,54
günstige Konditionen	6,50	6,51	6,41
Werbung	5,83	6,11	5,87
Akquisition (Verkauf)	8,28	8,64	8,30

IV.20 Anwendung von Kriterien für die Segmentierung von Privatkunden

	Kreditbanken	Sparkassen	Genossen
nach Altersklassen	6,09	8,72	8,27
Anlagebedürfnisse	6,68	8,17	7,87
nach Beruf (Private)	5,71	6,52	7,68
Saldi	5,00	6,67	6,15
Risikofreudigkeit	4,86	6,43	4,20
Kundentreue	4,86	4,54	5,61
Postleitzahlen	6,50	3,51	4,53
nach Haushaltsgröße (Private)	2,29	3,72	3,06
Güterstand	2,33	1,98	2,29
Genossenschafter	2,71	2,00	7,74

IV.21 Verfügbare Daten zur Segmentierung der Privatkunden

	Kreditbanken	Sparkassen	Genossen
Postleitzahlen	8,71	8,51	8,37
Saldi	7,10	8,65	7,81
Kundentreue	5,92	4,91	5,72
Güterstand	4,00	4,53	3,71
Risikofreudigkeit	4,69	3,72	3,89
Haushaltsgröße (Private)	3,00	3,20	2,84

IV.22 Wachstumschancen von Privatkundengeschäften

	Kreditbanken	Sparkassen	Genossen
Anlageberatg./ Vermögensverwaltung	6,68	6,56	6,71
Hypothekarkredite	7,06	6,83	6,73
Bankomat	7,13	5,98	6,75
Spargeschäft	5,44	6,07	5,69
Privat- (Klein-) Kredite	5,45	5,21	5,25
Eurocheck	5,60	4,05	5,02
Change	4,26	4,29	4,14
Tresor	3,74	4,31	4,45
Gehaltskonti	4,45	4,35	4,89

IV.23 Anwendung von Kriterien für die Segmentierung der Firmenkunden

	Kreditbanken	Sparkassen	Genossen
nach Branchen (Industrie usw.)	7,17	6,96	8,05
nach Betriebsgröße (Industrie usw).	6,88	5,92	5,69
Rechtsform	4,50	4,40	5,64

IV.24 Wachstumschancen von Firmenkunden- und Interbankgeschäften

	Kreditbanken	Sparkassen	Genossen
Kommerzielle Kredite	6,45	6,16	6,25
Beratungen/ Fusionen	6,11	4,84	5,16
Obligationsanleihen	5,58	4,46	4,89
Kassenobligationen	5,25	4,48	4,81
Interbankgeschäft	4,75	4,93	4,71
Treuhandgeschäft	4,36	4,43	4,32
Emissionsgeschäft	5,29	4,56	4,03
Devisenhandel	4,26	4,37	4,23
Auslandsfinanzierungen	5,07	3,88	4,18

Anhang V: Erläuterungen zur Diskriminanzanalyse

In Ergänzung zu den in Abschnitt 2.B.III. und 5.A.II. angeführten Erläuterungen sei im folgenden auf die Interpretation der zusammengefaßten Ergebnisse der für
1. ost- und westdeutsche Kreditinstitute,
2. Sparkassen und Kreditgenossenschaften sowie
3. die drei Kreditinstitutsgruppen

jeweils durchgeführten linearen Diskriminanzanalyse hingewiesen.

	1. Ostbanken vs. Westbanken	**2.** Sparkassen vs. Kreditgenossenschaften	**3a.** Kreditinstitutsgruppen (1. Funktion)	**3b.** Kreditinstitutsgruppen (2. Funktion)
I. Eigenvalue				
II. Wilks' Lambda				
III. Signifikanz				
IV. Korrekte Klassifizierung in %				

Erläuterungen zu:

3a. bzw. 3b.: Da in der Analyse drei Gruppen berücksichtigt werden, erfolgt im Rahmen der linearen Diskriminanzanalyse eine Aufstellung von zwei Diskriminanzfunktionen mit jeweils eigenen, das Gelingen der Trennung beschreibenden Maßen.

I. Eigenvalue: Maß für die Güte der Diskriminanzfunktion: Je größer, desto „besser" die Trennung.

II. Wilks' Lambda: Je kleiner der Wert, desto besser unterscheiden sich die mittleren Werte der Diskriminanzfunktion.

III. Signifikanz: Das Konfidenzintervall von 95 % impliziert die Notwendigkeit für einen Signifikanzwert von kleiner 0,05.

IV. Korrekte Klassifikation: Eine Gegenüberstellung von anhand der Diskriminanzfunktion(en) berechneter und tatsächlicher Gruppenzugehörigkeit veranschaulicht die Treffergenauigkeit der Diskriminanzfunktion.

Anhang 6: Einzelergebnisse

Frage 8: Zielbezogene Schlüsselprobleme:

	Kreditbanken					Sparkassen					Genossenschaften				
	9	7	5	3	1	9	7	5	3	1	9	7	5	3	1
Zielsetzung	7	11	10	6	1	11	26	18	4		18	39	18	8	1
Sicherstellen des Wachstums	13	10	9	3	1	21	25	8	4	3	26	35	18	3	2
Verbesserg. Marktstellg.	14	19	3			10	20	24	4	2	25	43	14	2	
Kosteneindämmg.	16	13	7			26	26	9			44	29	9	2	
Reservenbildung	8	9	11	6	1	17	24	17	1	1	36	32	15	1	
Risikoabsicherung	11	15	7	2	1	29	22	5	4		38	31	11	4	
Ausweitung geogr. Aktivitätsraum	2	4	7	14	9	1	2	4	7	47	4	4	13	30	33

sehr wichtig (9); eher wichtig (7); wichtig (5); eher unbedeutend (3); unbedeutend (1)

Frage 8: Führungsbezogene Schlüsselprobleme:

	Kreditbanken					Sparkassen					Genossenschaften				
	9	7	5	3	1	9	7	5	3	1	9	7	5	3	1
Personalpolitik	9	17	7	1	1	15	31	11	3		19	44	16	5	
Erhöhg. Leistg. Mitarb.	18	13	5			28	25	8			36	33	13	1	
Rational. Arbeitsabläufe	12	18	4	2		28	25	6	1		34	35	12	2	
Mitarbeiterschulg.	12	16	6	1		10	30	14	6	1	23	35	21	5	
Erhöhg. Leistg. Führg.	13	17	4	2		29	20	11	1		35	34	12	2	1
Verbesserg. Führgsinfo.	3	23	6	3	1	13	32	10	4		20	37	20	7	
Information	6	15	12	2	1	10	25	21	3	1	16	34	24	7	3

sehr wichtig (9); eher wichtig (7); wichtig (5); eher unbedeutend (3); unbedeutend (1)

Frage 8: Schlüsselprobleme bezüglich des Marketingprogramms:

	Kreditbanken					Sparkassen					Genossenschaften				
	9	7	5	3	1	9	7	5	3	1	9	7	5	3	1
pers. Bedienung	11	14	9	1	1	24	18	11	4	1	25	34	13	6	3
Kundenakquisition	13	15	7	1		15	31	12	1	2	28	38	13	5	
flex. Konditionenpolitik	5	16	12	1	2	7	35	16	1	2	11	41	26	4	1
Ausweit. Leistgsangeb.	7	8	10	9	2	3	12	27	15	4	4	26	39	13	1
Beziehung zur Umwelt	2	11	13	8	2	4	11	25	13	5	6	17	36	19	6
Standorte	2	7	8	12	6	1	12	25	15	8	8	19	25	23	9

sehr wichtig (9); eher wichtig (7); wichtig (5); eher unbedeutend (3); unbedeutend (1)

Frage 1: Einsatz langfristiger Führungsinstrumente:

	Kreditbanken			Sparkassen			Genossen		
	1	1	1	2	2	2	3	3	3
schriftlich formuliertes Leitbild	5	9	22	22	17	20	26	18	37
schriftl. formul. Unternehmungspolitik	1	9	26	13	22	25	25	22	34
schriftl. formul. Marketingkonzept		14	21	8	21	32	24	40	16
schriftlich formulierte Personalpolitik	3	16	17	15	29	16	29	35	15
Führungsrichtlinien	2	8	26	24	20	16	21	27	29
dokumentierte Mehrjahrespläne	4	10	21	13	15	31	45	20	15

nicht vorhanden (1); teilweise vorhanden (5); vorhanden (9)

Frage 1: Einsatz kurzfristiger Führungsinstrumente:

	Kreditbanken			Sparkassen			Genossen		
	1	1	1	2	2	2	3	3	3
1-Jahres-Maßnahmenpläne	1	5	29	1	18	41	7	14	60
Jahresbudgets	1	3	32	3	13	45	8	24	51
Projektpläne	1	5	28	2	27	31	11	36	33
persönliche Jahresziele	4	7	25	8	31	21	5	25	52
Leistungsbewertung	1	6	29	8	27	26	18	37	26

nicht vorhanden (1); teilweise vorhanden (5); vorhanden (9)

Frage 4: Führungsprobleme:

	Kreditbanken					Sparkassen					Genossenschaften				
	9	7	5	3	1	9	7	5	3	1	9	7	5	3	1
fundierte Planung	4	16	11	2	2	21	28	10	1	1	28	31	18	5	
Entwicklung einer Unternehmungspolitik	7	11	9	6	1	23	23	12	3		28	36	12	4	2
richtige Entscheidg.s-findung/Kreativität	16	11	5	2	1	'28	21	9	1	1	43	32	7	1	
Kontrolle und Revision	5	9	13	6	2	8	18	25	8	2	18	35	19	8	2
Entwicklung von Marketing-Konzepten	6	18	5	4	2	12	27	17	4		16	44	19	4	
rasche Reaktion auf Marktveränderungen	16	13	4		2	26	22	7	5	1	37	29	14	2	1
wirkungsvolle Personalführung	18	11	4	1	1	32	20	9			38	31	13	1	
Durchsetzung von Entscheiden	9	10	9	7		19	30	5	5	2	32	38	10	1	2

sehr wichtig (9); eher wichtig (7); wichtig (5); eher unbedeutend (3); unbedeutend (1)

Frage 5: Zukünftige Bedeutung von Marketinginstrumenten:

	Kreditbanken					Sparkassen					Genossenschaften				
	9	7	5	3	1	9	7	5	3	1	9	7	5	3	1
guter Service (Bedienung/Beratung)	33	3				58	3				78	5			
Akquisition (Verkauf)	24	11	1			51	9	1			58	22	2	1	
umfassendes Leistungsangebot	7	23	6			11	34	12	4		30	33	16	3	
günstige Konditionen	7	14	14	1		7	34	18	2		9	44	26	2	1
Werbung	1	14	20	1		3	31	24	3		7	35	28	13	
guter Standort	1	17	14	3	1	7	26	25	3		17	31	33		1

sehr bedeutungsvoll (9); bedeutungsvoll (7); mittel (5); weniger wichtig (3); unwichtig (1)

Frage 2: Anwendung von Kriterien für die Segmentierung von Privatkunden:

	Kreditbanken		Sparkassen		Genossen	
	ja	nein	ja	nein	ja	nein
Altersklassen	21	12	56	2	70	7
Anlagebedürfnisse	22	9	52	6	61	10
Beruf (Private)	20	14	40	18	66	13
Saldi	12	12	24	14	38	21
Risikofreudigkeit	14	15	36	17	26	39
Kundentreue	14	15	23	29	38	28
Postleitzahlen	22	10	16	35	30	38
Haushaltsgröße (Private)	5	26	17	33	17	49
Güterstand	5	25	6	43	10	52
Genossenschafter	6	22	6	42	64	12

Frage 2: Verfügbare Daten zur Segmentierung der Privatkunden:

	Kreditbanken		Sparkassen		Genossen	
	ja	nein	ja	nein	ja	nein
Postleitzahlen	27	1	46	3	58	5
Saldi	16	5	44	2	46	8
Kundentreue	16	10	23	24	36	25
Güterstand	9	15	19	24	20	39
Risikofreudigkeit	12	14	17	33	22	39
Haushaltsgröße (Private)	6	18	14	37	14	47

Frage 6: Wachstumschancen von Privatkundengeschäften:

	Kreditbanken					Sparkassen					Genossenschaften				
	9	7	5	3	1	9	7	5	3	1	9	7	5	3	1
Anlageberatung/ Vermögensverwaltung	8	9	12	1		11	25	15	4		15	37	22	1	1
Hypothekarkredite	11	10	7	2		11	32	14	1		14	41	24	1	
Bankomat	12	8	7	2		6	19	26	4		20	34	21	5	
Spargeschäft	1	10	14	5	1	3	26	28	1		9	20	40	10	1
Privat- (Klein-) Kredite	2	8	15	3	2	2	16	28	10	2	4	17	46	9	4
Eurocheck	4	6	14	3	2	1	6	25	12	11	8	19	30	12	9
Change	1	3	9	9	4		6	25	16	4	1	5	32	26	7
Tresor		1	9	12	4	1	9	19	22	4	1	13	28	28	5
Gehaltskonti			19	8	1	1	2	29	19	1	1	11	44	19	

> 10 % (9); 6-10 % (7); 1-5 % (5); 0 % (3); negativ (1)

Frage 2: Anwendung von Kriterien für die Segmentierung der Firmenkunden:

	Kreditbanken		Sparkassen		Genossen	
	ja	nein	ja	nein	ja	nein
Branchen (Industrie usw.)	27	8	41	14	67	9
Betriebsgröße (Industrie usw).	25	9	32	20	41	29
Rechtsform	14	18	20	27	40	29

Frage 6: Wachstumschancen von Firmenkunden- und Interbankgeschäften:

	Kreditbanken					Sparkassen					Genossenschaften				
	9	7	5	3	1	9	7	5	3	1	9	7	5	3	1
Kommerzielle Kredite	7	10	13	2		5	23	29			15	25	30	7	
Beratungen/ Fusionen	6	6	9	5		4	7	21	17	1	4	16	34	18	1
Obligationsanleihen	1	6	13	3			3	31	12	2	3	15	31	21	3
Kassenobligationen		6	12	5		1	4	27	17	1	3	9	40	20	2
Interbankgeschäft		5	9	8	1	2	9	28	15		3	10	35	23	3
Treuhandgeschäft		3	11	7	3		4	31	17	1		10	26	32	2
Emissionsgeschäft	4	5	8	9	1		9	24	21		2	8	17	39	5
Devisenhandel	1	3	11	5	6		6	29	15	4		7	33	30	4
Auslandsfinanzierung	3	4	13	5	3		5	20	27	5	1	12	23	34	7

> 10 % (9); 6-10 % (7); 1-5 % (5); 0 % (3); negativ (1)

FSC
www.fsc.org
MIX
Papier | Fördert gute Waldnutzung
FSC® C083411

Kolibri 360 GmbH
Ferdinand-Jühlke-Straße 7
99095 Erfurt, Deutschland
produktsicherheit@kolibri360.de

Druck:
CPI Druckdienstleistungen GmbH
im Auftrag der
Kolibri 360 GmbH
Ferdinand-Jühlke-Str. 7
99095 Erfurt